Contraste insuffisant
NF Z 43-120-14

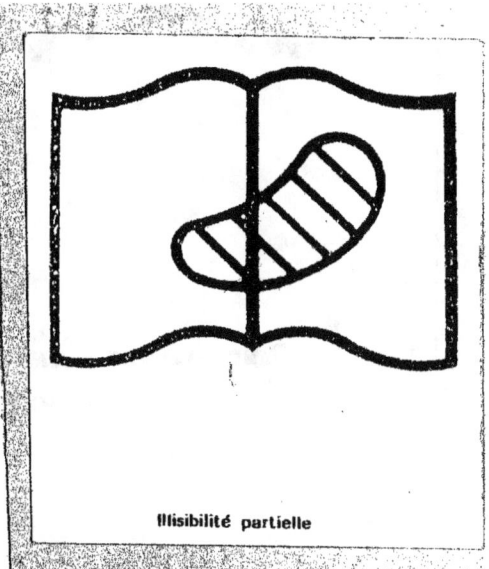

Illisibilité partielle

Couvertures supérieure et inférieure manquantes

LIVRE DE RAISON

DES

FILLES DE LA CONGRÉGATION

DE NOTRE-DAME A CARENTAN

REVU ET ANNOTÉ

PAR

M. DE PONTAUMONT

Membre de la Société des Antiquaires de Normandie,
Chevalier de la Légion-d'Honneur et des Ordres militaires de Saint-Grégoire
et de Sainte-Anne de Russie de la 2e classe.

PROLOGUE

On appelait autrefois *livres de raison*, des registres de famille, où chaque chef de maison ou de communauté inscrivait soit des conventions, soit des contrats ayant pour but de faire prospérer l'avoir commun, soit des naissances, mariages ou morts de la famille. On y inscrivait intégralement les pièces authentiques. Les traditions séculaires d'une famille s'y conservaient et contribuaient de la sorte aux destinées de cette société française qui a brillé d'un vif et solide éclat. Montaigne a loué dignement son père d'avoir tenu le *livre de raison* de leur famille, avec une assiduité qu'il ne sut pas imiter.

Toustain de Billy raconte ainsi la fondation du couvent de Carentan :

Il y a dans le faubourg de St-Michel, vers le couchant, un couvent de filles d'une espèce unique en Basse-Normandie. On les appelle les *Filles de la congrégation de Notre-Dame*. Cet ordre est venu de Lorraine, où il fut institué par un curé de Mataincourt. Madame Marthe du Faucq, veuve de Jacques Dauxais, seigneur de Notre-Dame-d'Allonne, de St-Pierre-d'Arthéglise et de Sortosville, les appela de Laon et les fonda à Carentan. Messire Léonor de Matignon, alors évêque de Coutances, les approuva par un acte du 2 octobre 1635, avec l'agrément du clergé et des habitants de Carentan. Leur fondatrice, Madame Dauxais, s'était adressée à Messire Philbert de Brichanteau, évêque de Laon qui lui envoya Catherine Thurel de Jésus, professe de Chalons, accompagnée de trois autres religieuses. Elles furent reçues en cette ville le 15 octobre 1635 par Martin de Gourmont, curé de ce lieu, et conduites en l'église paroissiale où le *Te Deum* ayant été chanté elles furent menées, processionnellement, en une maison de louage qui leur avait été préparée et sur la porte de laquelle le curé plaça une croix. Le 24 du même mois, l'évêque, accompagné du clergé de Carentan et de quatre de ces religieuses, fut poser la première pierre du monastère où elles sont aujourd'hui. En 1645 elles obtinrent du roi des lettres patentes pour leur établissement, et enfin le 9 mars 1652, ladite supérieure Catherine Thurel, avec dix-sept professes et cinq novices, furent conduites processionnellement de leur maison de louage en l'église paroissiale et de là en leur chapelle conventuelle, et leur cloître, d'où aucune religieuse n'est sortie pour quelque raison que ce pût être. La loi de clôture chez elles est si inviolable que, le 19 juin 1679, les faubourgs de Carentan ayant été incendiés, elles aimèrent mieux s'exposer à toutes sortes de périls que de la violer.

1696. — Par ordre du roi, les religieuses de la congrégation de N.-D.-de-Carentan firent enregistrer les armoiries de leur couvent moyennant un droit de 20 livres. Ces armoiries sont *d'argent à une molette de gueules coupé de sinople à une fasce d'or*.

LIVRE DE RAISON

L'AN 1737, le 13ᵉ de juin, se sont assemblées capitulairement au son de la cloche, les religieuses du monastère de la congrégation de Notre-Dame, établies à Carentan, suivant l'ordre de la révérende mère supérieure Claude de Saint-Bernard, laquelle ayant vu la déclaration du Roy du 9 avril 1736, par laquelle il est ordonné aux communautés régulières de tenir registre pour les vêtures, noviciats et professions, lesquels seront en bonne forme, reliés et feuillets cotés et paraphés par la supérieure. Chacun des actes de vêtures, noviciats et professions seront écrits de suite sans aucun blanc, signés par celuy qui aura fait la cérémonie, par deux des parents ou amis qui auront assisté, par celle qui aura pris l'habit ou fait profession, et aussi par la supérieure. Lesdits registres seront faits doubles de cinq ans en cinq ans. Lesdites religieuses seront tenues d'en mettre un au greffe et un entre leurs mains, come l'ordonnance le porte et d'en délivrer extrait 24 heures après qu'elles en seront requises. Lecture faite de ladite ordonnance, les religieuses assemblées come dessus ont conclu qu'elle sera exécutée pour l'avenir selon la forme et teneur, ce qu'elle ont signé. Signé au registre *Sœur Claude de Saint-Bernard*.

MARIE MARGUERITE LE MARQUAND.

1737. — Ce jourd'hui 7ᵉ de juillet, honnête fille Marie Marguerite Le Marquand, surnommée en religion sœur Mathilde du Saint-Sacrement, âgée de 25 ans, fille légitime de maître Jacques Lemarquand et de Marie Bertot, son épouse, de la paroisse de Digosville, diocèse de Coutances, après avoir fait un an d'épreuve en habit régulier, a requis humblement d'être admise à la profession, a été approuvée et reçue par la révérende mère supérieure et Rᵉˢ en chapître et examinée selon la forme du saint Concile de Trente, par M. de la Brasserie, curé de Carentan, notre confesseur extraordinaire, officiant M. Trigan, curé de Digosville, député de Monseigneur illustrissime et révérendissime père en Dieu Léonor de Matignon, évesque de Coutances, notre supérieure.

Signé *Trigan; Jacq. Le Marquand; N. Le Duc; sœur Claude de Saint-Bernard*, supérieure.

JEANNE-FRANÇOISE-JULIENNE DE BRIX.

1737. Ce jourd'huy 22ᵉ de juillet, Demoiselle Jeanne-Françoise Julienne de Brix, fille légitime de noble homme Jean-Louis de Brix, écuyer sieur de Brix et de noble dame Jacqueline-Françoise de Saint-Simon, son épouse, de la paroisse de Sainte-Mère-Eglise, diocèse de Bayeux, âgée de 18 ans après l'expérience et probation d'un an requérant humblement d'être reçüe à l'habit régulier ayant été examinée et aprouvée par la révérende mère supérieure et religieuses en chapître a reçu l'habit régulier prenant le nom de sœur Madeleine-Félice de Jésus, officiant M. de Collibert, premier curé de Carentan, député de mon illustrissime et révérendissime père en Dieu monseigneur

Léonor de Matignon, évêque de Coutances notre supérieur.

Signé *Collibert; A. Bucaille; Le Duc; Bouillon; sœur Claude de Saint-Bernard*, supérieure, et *sœur Madeleine-Félice de Jesus.*

Nota. — Le registre porte cette apostille : *Elle est sortie par infirmité le* 29 *d'août* 1739.

MARIE GUERRAND.

1737.—Ce jourd'hui 8ᵉ de septembre, honnête fille Marie Guerrand, native de Saint-Pierre-Eglise, diocèse de Coutances, fille légitime de François Guerrand et de Jeâne Eliot, son épouse, après avoir fait près de deux ans de noviciat en habit régulier a requis humblement d'être admise à la profession a été aprouvée par la révérende mère supérieure et Rᵉˢ en chapître et examinée selon le St-Concile de Trente par M. de la Brasserie, curé de Carentan, notre confesseur extraordinaire; officiant M. de Collibert, premier curé de Carentan, député de monseigneur illustrissime et révérendissime, père en Dieu Léonor de Matignon, évêque de Coutances, notre supérieur.

Signé *F. Guerrand; N. le Duc; J. Bessin; Bouillon; sœur Claude de Saint-Bernard*, supérieure, et *sœur Elisabeth de la Sᵗᵉ-Vierge.*

MARIE-MADELEINE GARDIN DU MESNIL.

1737.—Ce jourd'hui 28ᵉ d'octobre, Demoiselle Marie-Madeleine Gardin, surnommée en religion sœur Pélagie du cœur de Jésus, âgée de 23 ans à 24 ans, fille légitime d'honorable homme Pierre Gardin, sieur du Mesnil, et de noble dame Madelaine de Percy, son épouse, de la paroisse de Saint-Cyr, diocèse de Coutances, après avoir fait un an de noviciat en habit régulier, requérant humblement d'être admise à la profession a été aprouvée et reçuë par la révérende mère supérieure et religieuses en chapître et examinée selon la forme du concile de Trente, par M. de la Brasserie, curé de Carentan, notre confesseur extraordinaire, officiant M. l'abbé de Percy, curé de Siouville, député de Monseigneur illustrissime et révérendissime père en Dieu Léonor de Matignon, évesque de Coutances notre supérieur.

Signé *De Percy*, C. de Syouville; *Des Essards-Gardin*, p^{tre}; *M. de Percy; De Percy; De Percy; sœur Claude de Saint-Bernard*, supérieure, et *sœur Pélagie du cœur de Jésus.*

JACQUELINE FOSSÉ.

1737. — Ce jourd'hui 8e de décembre, honête fille Jacqueline Fossé, surnommée en religion sœur Véronique du Calvaire, fille légitime de feu Guillaume Fossé et de Marie Lesage, son épouse, âgée de 35 à 36 ans, de la paroisse de Sainteny, diocèse de Coutances, après avoir fait un an de noviciat en habit régulier, requérant humblement d'être admise à la profession, a été approuvée et reçue par la révérende mère supérieure et religieuses en chapître, examinée selon la forme du concile de Trente, par M. de la Brasserie, curé de Carentan, notre confesseur extraordinaire, officiant M. de Collibert, premier curé de Carentan, député de mon illustrissime père en Dieu Léonor de Matignon, évêque de Coutances, notre supérieur.

Signé *Collibert; Fossé; M. Lesage; sœur Claude de Saint-Bernard*, supérieure, et *sœur Véronique du Calvaire.*

BONNE-THÉRÈSE CORBIN DE VARENNE.

1738. — Ce jourd'huy 15ᵉ d'octobre, honeste fille Bonne-Thérèse Corbin, fille légitime d'honorable hôme Christophle Corbin, sieur de Varenne et de Catherine Turbert, son épouse, de la paroisse de Saint-Pierre-Eglise, diocèse de Coutances, âgée de 26 à 27 ans, laquelle après avoir fait un an quelques jours en habit régulier, en qualité de sœur adjutrice, requérant humblement d'être reçue à la profession, a été aprouvée par la révérende mère supérieure et religieuses en chapître, examinée selon la forme du Concile de Trente, par M. de la Brasserie, curé de Carentan, notre confesseur extraordinaire, officiant M de Collibert, premier curé de Carentan, député de mon illustrissime père en Dieu Monseigneur Léonor de Matignon, évesque de Coutances, notre supérieur.

Signé *H. Corbin; J. Badet; Bouillon; Marie Faullain; Aze; Collibert; sœur Sophie de l'enfant Jésus*, supérieure, et *sœur Dorotée du Saint-Nom de Marie*.

MARIE-FRANÇOISE JAMET DE L'ISLE.

1738. — Ce jourd'hui 28ᵉ d'octobre, honnête fille Marie-Françoise Jamet, en religion sœur Ignace de Jésus, fille légitime de feu maître Guillaume Jamet, sieur de l'Isle et de Anne Baquesne, son épouse, tous bourgeois de Carentan, âgée de 25 à 26 ans, laquelle après avoir fait un an quelques jours avec l'habit régulier en qualité de sœur adjutrice, requérant humblement d'être admise à la profession, a été aprouvée par la révérende mère supérieure et religieuses en chapître examinée selon la forme du Concile de Trente, par M. de la Brasserie, curé de Carentan, notre confesseur extraordinaire, officiant M. de Collibert, premier curé de Carentan, député de mon illustrissime père en Dieu monseigneur Léonor de Matignon, évesque de Coutances, notre supérieur.

Signé *G. Jamet*; *Anne Baquesne*; *Mareschal*; *Lacotte*; *Bourgeois*; *Collibert*; *Aze*; *sœur Sophie de l'enfant Jésus*, supérieure, et *sœur Ignace de Jésus*.

MARIE BELLOT DE FRANQUEVILLE.

1741. — Ce jourd'hui 21° de novembre, demoiselle Marie Bellot, surnommée en religion sœur Séparphique du divin cœur, âgée de 22 ans, fille de noble homme Michel Bellot, escuyer, sieur de Franqueville, et de madame Barbe Feuillies, son épouse, de la paroisse d'Hyesville, diocèse de Coutances, après avoir fait un an de noviciat en habit régulier, requérant humblement d'être admise à la profession, a été aprouvée et reçue par la révérende mère supérieure et religieuse en chapître examinée selon la forme du Concile de Trente, par M. de Collibert, premier curé de Carentan, notre confesseur et officiant député de mon illustrissime père en Dieu monseigneur Léonor de Matignon, évêque de Coutances, notre supérieur.

Signé *Bellot; Barbe Feuillies; Collibert; Aze; sœur Sophie de l'enfant Jésus*, supérieure, et *sœur Séparphique du divin cœur*.

CATHERINE CLOCHEAU DE LA RETROURIE.

1742. — Ce jourd'hui 21° de novembre, demoiselle Catherine Clocheau, âgée de 26 à 27 ans, native de Nantes, en Bretagne, fille légitime de feu Pierre-Antoine Clocheau, sieur de la Retrourie, et de demoiselle Anne du Puis, son épouse, après l'expérience et probation de 7 ans 7 mois en l'habit régulier (ce retardement a été causé pour des affaires temporelles) ayant toujours persévéré, a demandé et requis humblement d'être admise à la sainte profession, a été aprouvée et reçue par la révérende mère supérieure et religieuses en chapître, examinée selon la forme du saint Concile de Trente, par M. de Collibert, premier curé de Carentan, notre confesseur et aussi officiant député de monseigneur illustrissime père en Dieu Léonor de Matignon, évêque de Coutances, notre supérieur.

Signé *du Bois Le Chevalier*; *du Motel*; *Gosselin*; *Marie Clocheau*; *Collibert*; *F. Aze*; *sœur Sophie de l'enfant Jésus*, supérieure, et *sœur Félicianne de l'Assomption*.

JACQUELINE—GABRIELLE—FRANÇOISE LE GARDEUR DE CROISILLES.

1744. — Ce jourd'hui 30° d'avril, demoiselle Jacqueline-Gabrielle-Françoise Le Gardeur, fille légitime de noble seigneur Baptiste Le Gardeur, écuyer, sieur de Croisilles, et de madame Françoise de Berteauville, son épouse, de la paroisse de Brillevast, diocèse de Coutances, âgée de 16 ans 6 mois, après l'expérience de 18 mois de probation a demandé et requis humblement d'être admise à l'habit régulier, examinée par la révérende mère supérieure et religieuses en chapître, a été reçue à l'habit régulier prenant le nom de sœur Colombe du Saint-Sacrement, officiant M. de Collibert, premier curé de Carentan, notre confesseur, député de mon illustrissime père en Dieu Léonor de Matignon, évêque de Coutances, notre supérieur.

Signé *J. B. Le Gardeur*; *Du Mesnildot*, archiprêtre; *De Brix*; *Du Mesnildot*, prieur; *Simon de Bertheauville*; *Simon de Teurthéville*, prêtre; *Collibert*; *Aze*; *sœur Sophie de l'enfant Jésus*, supérieure, et *sœur Colombe du Saint-Sacrement*.

MARIE—MADELEINE DELAMARE.

1744. — Ce jourd'huy 6 d'aoust, honête fille Marie-Madeleine Delamare, fille légitime de feu maître François De la Mare et de Madeleine Bouillon, son épouse, de la paroisse de Hauteville, diocèse de Coutances, âgée de 34 ans, après avoir fait un an de noviciat en l'habit régulier, en qualité de sœur adjudrice sous le nom de Thècle de la Transfiguration, a requis très-humblement d'être admise à la profession, a été reçue et aprouvée par la révérende mère supérieure et religieuses en chapître, examinée selon la forme du Concile de Trente, par M. de Collibert, premier curé de Carentan, notre confesseur, officiant et député de Monseigneur illustrissime père en Dieu Léonor de Matignon, évêque de Coutances, notre supérieur.

Signé *Collibert; Houguet; Nicolas Delamare; Le Conte; F. Aze; sœur Sophie de l'enfant Jésus,* supérieure, et *sœur Thècle de la Transfiguration.*

MARIE—JEANNE DE GODEFROY DE PRAISLE.

1744. — Ce jourd'hui 21 de novembre, demoiselle Marie-Jeanne de Godefroy de Praisle, fille légitime de noble seigneur Louis Robert de Godefroy, écuyer, seigneur de Praisle et autres lieux et de noble dame Catherine Le Painteur de Boisjugan, son épouse, tous dépendant de l'évêché de Coutances, après avoir fait un an de noviciat en habit régulier sous le nom de sœur Cécile de la Présentation, a requis très-humblement d'être reçue à la profession, a été aprouvée par la révérende mère supérieure et religieuses en chapître, examinée selon le Concile de Trente, par M. de Collibert, premier curé de Carentan, notre confesseur extraordinaire, officiant et député de Monseigneur illustrissime père en Dieu Léonor de Matignon, évêque de Coutances, notre supérieur.

Signé *F. de Godefroy de Praisle*; *de Godefroy*; *Collibert*; *sœur Sophie de l'enfant Jésus*, supérieure, et *sœur Cécile de la Présentation*.

MADELEINE—BARBE ACARD.

1745. — Ce jourd'hui 19ᵉ de mars, honête fille Madeleine-Barbe Acard, fille légitime de feu honorable homme Thomas Acard et de Marie Laisné, son épouse, de la paroisse de Beuzeville-sur-le-Vey, diocèse de Coutances, âgée de 20 ans et jour, laquelle après l'expérience de 14 mois de probation en habit régulier sous le nom de sœur Génevière du cœur de Jésus, a demandé très-humblement d'être reçue à la sainte profession, ayant été aprouvée par la révérende mère supérieure et religieuses en chapître, examinée selon la forme du Concile de Trente, par M. de Collibert notre confesseur extraordinaire, officiant et député de Monseigneur illustrissime père en Dieu Léonor de Matignon, évêque de Coutances, notre supérieur.

Signé *Collibert*; *Jean Godard*; *F. Aze*; *sœur Sophie de l'enfant Jésus*, supérieure, et *sœur Génevière du cœur de Jésus*.

CATHERINE—MADELEINE GAUTHIER.

1745. — Ce jourd'huy 8ᵉ de may, demoiselle Catherine-Madeleine Gauthier, fille légitime de noble homme Jean Gauthier, écuyer, sieur de la Pagnorie et de demoiselle Marie-Madeleine de Laubrie, son épouse, de la paroisse de Troisgots, âgée de 17 à 18 ans, après avoir fait l'expérience d'un an quelques jours de probation en habit régulier sous le nom de sœur Hiacinthe de Jésus, a demandé humblement d'être reçue à la sainte profession, a été reçue et aprouvée par la révérende mère supérieure et religieuses en chapître, examinée selon la forme du Concile de Trente, par M. de Collibert, premier curé de Carentan, notre confesseur extraordinaire, officiant et député de Monseigneur illustrissime père en Dieu Léonor de Matignon, évêque de Coutances, notre supérieur.

Signé *Hervé de la Gonnivière; H. de Saint-Quentin; Collibert*; *Aze; sœur Sophie de Jésus*, supérieure, et *sœur Félix Hyacinthe de Jésus.*

LOUISE LE GRANCHER.

1745. —Ce jourd'huy 31° de juillet, Louise Le Grancher, fille légitime de feu honorable homme Guillaume Le Grancher, bourgeois de Cherbourg, et de Marie-Françoise du Hamel, son épouse, âgée de 24 à 25 ans, après l'expérience d'un an quelques mois avec l'habit régulier sous le nom de sœur Luce de Ste-Catherine, a demandé et requis humblement d'être admise à la sainte profession, a été reçue et aprouvée par la révérende mère supérieure et religieuses en chapître, examinée selon la forme du saint Concile de Trente, par M. de Collibert, premier curé de Carentan, notre confesseur extraordinaire, officiant et député de Monseigneur illustrissime père en Dieu Léonor de Matignon, évêque de Coutances, notre supérieur.

Signé *François du Hamel; Anne du Hamel; Collibert; Aze; Marie Anne du Hamel; sœur Sophie de l'enfant Jésus*, supérieure, et *sœur Luce de Ste-Catherine.*

ANNE-CLAUDE GERMAIN DE LA CONTÉ.

1748. — Ce jourd'hui 7° du mois de juillet... demoiselle Anne-Claude Germain, surnommée en religion sœur Rosalie de Saint-Augustin, fille légitime de feu François-Germain, écuyer, sieur de la Conté, gendarme de la garde du Roy et de dame de la Broise, son épouse, âgée de 23 ans, native de la paroisse de St-Jean-de-Daye, diocèse de Coutances, après avoir fait un an et 8 jours de noviciat en l'habit régulier, requérant humblement d'être admise à la profession, a été aprouvée et reçue par la révérende mère supérieure et religieuses en chapître et examinée selon la forme du Saint-Concile de Trente, par M. Aze, premier chapelain et confesseur, député de mon illustrissime et révérendissime père en Dieu monseigneur Léonor de Matignon, évêque de Coutances, notre supérieur.

Signé *Dauthelande, prêtre; de Godefroy de Boisjugan; Aze; Heurtin; Hamon, curé de Bahais; Mathurine-Germain de la Conté; sœur Rosalie de Saint-Augustin,* et *sœur Sophie de Jésus,* supérieure.

LOUISE—ANGELLE LE DRAN.

1749. — Ce jourd'hui 21° de janvier, honnête fille Louise-Angelle Le Dran, nommée en religion sœur Léonor de Saint-Joseph, native de la paroisse d'Angoville, diocèse de Coutances, âgée de 26 ans un mois et cinq jours, fille légitime de feu M° Pierre Le Dran et de Marguerite Berot, sa seconde femme, après avoir fait un an 9 mois et 20 jours de noviciat en l'habit régulier, requérant humblement d'être admise à la profession, a été aprouvée et reçue par la révérende mère supérieure et religieuses en chapître et examinée selon la forme du Saint-Concile de Trente, par M. Aze, notre premier chapelain et confesseur député de mon illustrissime et révérendissime père en Dieu monseigneur Léonor de Matignon, évêque de Coutances, notre supérieur.

Signé *Aze*; *Dauthelande*; sœur *Léonor de Saint-Joseph*, et sœur *Sophie de L. Jésus*, supérieure.

FRANÇOISE—MADELAINE POTIER DU QUESNAY.

1749. — Ce jourd'hui 7ᵉ jour de juillet, demoiselle Françoise-Madelaine Potier, nommée en religion sœur Béatrix-des-Anges, native de Valognes, diocèse de Coutances, âgée de 22 ans 3 mois, fille légitime de messire Hervé Potier, escuyer, chevalier, seigneur et patron du Quesnay et autres lieux, et de noble dame Jeanne-Madeleine-Helloüin Danctoville, son épouse, après avoir fait un an cinq mois et huit jours de noviciat en habit régulier, requérant humblement d'être admise à la profession, a été aprouvée et reçue par la révérende mère supérieure et religieuses en chapître et examinée selon la forme du saint Concile de Trente, par M. Aze, notre premier chapelain et confesseur, officiant M. de Chanroy, curé de Brévans, doyen de Carentan, député de mon illustrissime et révérendissime père en Dieu monseigneur Léonor de Matignon, évêque de Coutances, notre supérieur.

Signé *Hélouin du Quesnay*; *Le Trésor d'Hermerel*; *Gourmont Montaigu*; *Le Fèvre Thieuville*; *d'Hieuville*; le chevalier *de Tieuville*; *de Mouin de Montcuit*; *d'Hermerel*; *de Saint-Laurens*, curé de Brévans; *F. Aze*; sœur *Sophie de l'enfant Jésus*, supérieure, et sœur *Béatrix-des-Anges*.

MARIE-JEANNE-ROBERTE SIMON DES NOIRESTERRES.

1749. — Ce jourd'hui 7ᵉ d'octobre, demoiselle Marie-Jeanne-Roberte Simon, nommée en religion sœur Emélie de Sainte-Gertrude, native de Sainte-Mère-Eglise, diocèse de Bayeux, âgée de 18 ans 8 mois et 10 jours, fille légitime de noble homme George Simon, escuyer, sieur de Noiresterres, et de Roberte Le Prieur, son épouse, après avoir fait un an cinq mois et sept jours de noviciat en habit régulier, requérant humblement d'être admise à la profession, a été aprouvée et reçue par la révérende mère supérieure et religieuses en chapître et examinée selon la forme du saint Concile de Trente, par M. Aze, notre premier chapelain et confesseur, officiant M. l'abbé du Mesnildot, archiprêtre et curé de Ste-Mère-Eglise, député de mon illustrissime et révérendissime père en Dieu monseigneur Léonor de Matignon, évêque de Coutances, notre supérieur.

Signé *Des Noiresterres Symon*; *Jean-Lous Symon*; *De Boisdavy Symon*; *Symon des Noiresterres*; *Du Mesnidot*, archiprêtre; *C. L. F. Le Moigne*; *Aze*; *Gosselin*, prêtre; *Dauthelande*; *sœur Sophie de l'enfant Jésus*, supérieure, et *sœur Emélie de Sainte-Gertrude*.

MARIE-ANNE-JACQUELINE DU PONT D'AISY.

1749. — Ce jourd'hui 27ᵉ du mois de décembre, demoiselle Marie-Anne-Jacqueline du Pont, nommée en religion sœur Ange du St-Sacrement, fille légitime de Jacques du Pont, escuyer, sieur d'Aisy, gendarme de la garde du Roy, et de noble dame Marie-Anne Le Franc Dargentelles, sa première fâme, âgée de 25 ans 3 mois 9 jours, native de la paroisse de Sousmont, diocèse de Seez, après avoir fait quatre ans six jours de noviciat en habit régulier, retardée pour des affaires de famille, requérant humblement d'être admise à la profession, a été aprouvée et reçue par la révérende mère supérieure et religieuses en chapître et examinée selon la forme du saint Concile de Trente, par M. Aze, notre premier chapelain et confesseur député de mon illustrissime et révérendissime père en Dieu monseigneur Léonor de Matignon, évêque de Coutances, notre supérieur.

Signé *P. du Pont de la Barre*; *J. du Pont d'Aisy*; *Godefroy de Vermont*; *Davy*; *Du Pont d'Aisy*; *La Conté*; *Aze*; *Dauthelande*; *sœur Sophie de l'enfant Jésus*, supérieure, et *sœur Ange du Sacrement*.

MARIE-CATHERINE YVER.

1753. — Ce jourd'hui 5ᵉ de mai, demoiselle Marie-Catherine Yver, nommée en religion sœur Augustine de la Nativité, native de Saint-André de Bohon, diocèse de Coutances, âgée de 23 ans 3 mois 14 jours, fille légitime de feu Jean Yver et de feue demoiselle Thérèse de la Coudre, son épouse, après avoir fait un an sept mois de noviciat en habit régulier, requérant humblement d'être admise à la profession, a été aprouvée et reçue par la révérende mère supérieure et religieuses en chapître, et examinée selon la forme prescrite par le saint Concile de Trente, par monsieur Le Murie, curé de Saint-Eni, député de mon illustrissime et révérendissime père en Dieu monseigneur Léonor de Matignon, évêque de Coutances, notre supérieur.

Signé *Murie*; *F. Aze*; *De la Coudre*; *Yver*; *M. Yver*; *Dauthelande*; *sœur Gertrude du cœur de Jésus*, supérieure, et *sœur Augustine de la Nativité*.

BONNE-JEANNE-THÉRÈSE GUERRAND.

1753. — Ce jourd'hui 24 juin honnête fille Bonne-Jeanne-Thérèse Guerrand nommée en religion sœur Jerôme de St-Sébastien fille légitime de maître François Guerrand et d'Anne Mauduit son épouse de la paroisse de Varouville, diocèze de Coutances, âgée de 22 ans 9 mois requérant humblement d'être admise à la profession après avoir fait un an et un mois de noviciat en habit régulier a été aprouvée et reçüe par la révérende mère supérieure et religieuses en chapitre et examinée selon la forme du saint Concile de Trente par M. Murie, curé de Saint-Eni notre confesseur extraordinaire député de mon illustrissime et révérendissime père en Dieu monseigneur Léonor de Matignon, évêque de Coutances notre supérieur.

Signé *Marin-Fatosme*; *Guerrand*; *F. Guerrand*; *Dauthelande*; *Aze*, p^{tre}; *sœur Gertrude du cœur de Jésus*, supérieure, et *sœur Jérôme de Saint-Sébastien*.

MARIE-ELISABETH LE MASSON.

1754. — Ce jourd'hui 2° de juillet honnête fille Marie-Elisabeth Masson nommée en religion sœur Claire du Saint-Sacrement âgée de 21 ans 5 mois 18 jours, native la paroisse de Carquebut diocèze de Coutances, fille légitime de maître Jean-Jacques Le Masson et de Marie-Madeleine Vigot son épouse après avoir fait un an 4 mois 3 jours de noviciat en habit régulier requérant humblement d'être admise à la profession a été aprouvée et reçüe par la révérende mère supérieure et religieuses en chapître et examinée selon la forme du saint Concile de Trente par M. Le Murie, curé de Saint-Eni notre confesseur extraordinaire officiant M. Mauduit curé de Hieville député de mon illustrissime et révérendissime père en Dieu monseigneur Léonor de Matignon, évêque de Coutances notre supérieur.

Signé *Jean-François Le Marquand;* J. *Le Terrier;* J. *Le Masson; Antoine Le Masson; Jacq. Masson; Scelles; Charles Le Terrier; Dauthelande; Mauduit,* curé d'Hyesville; *sœur Gertrude du cœur de Jésus,* supérieure et *sœur Claire de Saint-Clément.*

MARIE-FRANCOISE FERRAND.

1756. — Ce jourd'hui 22 juin, honnête fille Marie-Françoise Ferrand, native de la paroisse de Saint-Hilaire, diocèse de Coutances, âgée de 20 ans 5 mois 11 jours fille légitime de Charles Ferrand et de Françoise Laforest son épouse, après l'expérience et probation d'un an quatre mois et 20 jours requérant humblement d'être reçue à l'habit régulier, ayant été examinée et approuvée par la révérende mère supérieure et religieuses en chapître a reçu l'habit régulier en prenant le nom de sœur Natalie du Saint-Sacrement, officiant M. Le Couvé, curé de Cerentan, député de mon illustrissime et révérendissime père en Dieu monseigneur Léonor de Matignon évêque de Coutances notre supérieur.

Signé *l'abbé de la Tour d'Auvergne; Lecouvey; Ferrand; Geurtin; Lefrançois; Laignel; Boyron; sœur Gertrude du cœur de Jésus,* supérieure et *sœur Nathalie du Saint-Sacrement.*

MARGUERITE-ELISABETH MOREL DES FRESNES.

1757. — Ce jourd'hui 8ᵉ de septembre demoiselle Marguerite-Elisabeth Des Fresnes nommée en religion sœur Béatrix du bienheureux Pierre Fourrier native de la paroisse de Mont-Martin diocèse de Coutances, âgée de 23 ans moins 16 jours fille légitime de feu noble homme Gabriel Morel, écuyer sieur des Frênes et de feu demoiselle Marguerite de Soubieu son épouse après avoir fait un an 8 jours de noviciat en habit régulier requérant humblement d'être admise à la profession a été approuvée et reçue par la mère supérieure et religieuses en chapitre et examinée selon la forme du saint Concile de Trente par M. le Murie curé de Sainteny notre confesseur extraordinaire député de mon illustrissime et révérendissime père en Dieu Jacques-François Le Fêvre du Quesnoy notre supérieur.

Signé *Morel des Fresnes; Hue des Fresnes; Morel; De la Broisse de la Conté; Canivete Beaumont; Germain de Villiers; Germain de la Conté; Murie*, curé de Sainteny; *Bermont; L. F. Revers*, p^{tre}; *Mangon*, p^{tre}; *Beurey; Lanon*, p^{tre}; *sœur Gertrude du cœur de Jésus*, supérieure, et *sœur Béatrix du bienheureux Pierre Fourrier*.

JEANNE—JACQUELINE LALOE.

1757. — Ce jourd'hui 21e de novembre honnête fille Jacqueline Laloë, surnommée en religion sœur Jeanne de Sainte-Geneviève, native de la paroisse de Sainte-Geneviève, diocèse de Coutances, âgée de 34 ans 10 mois et 20 jours, fille légitime de feu Thomas Laloë et de Michelle Alain son épouse, après avoir fait un an deux mois et vingt jours de noviciat en habit régulier requérant humblement d'être admise à la profession a été approuvée et reçue par la révérende mère supérieure et religieuses en chapitre et examinée selon la forme du Saint-Concile de Trente par M^r Le Murie, curé de Sainteny, notre confesseur extraordinaire officiant M^r Le Couvé, doyen et curé de Carentan député de mon illustrissime et révérendissime père en Dieu, monseigneur Jacques Le Fèvre du Quenoy, évêque de Coutances, notre supérieur.

Signé *J. Lande, V*ᵉ *de François Legouey; Beurey; François Legouey; Lanon,* prêtre; *Le Couvey; sœur Gertrude du cœur de Jésus,* supérieure.

MARIE—HENRIETTE LAURENS.

1760. — Ce jourd'hui 18ᵉ de décembre, demoiselle Marie-Henriette Laurens surnommée en religion sœur Ursule de Saint-Jean, native de la paroisse de Dampierre, diocèse de Bayeux, âgée de 21 ans 8 mois 7 jours, fille légitime de Jean-François sieur Laurens et de demoiselle Marie Osmont son épouse, après avoir fait un an, 8 mois, 7 jours, de noviciat en habit régulier requérant humblement d'estre admise à la profession a été aprouvée et reçue par la révérende mère supérieure et religieuses en chapître, et examinée selon la forme du Concile de Trente par M. de Murie, curé de Sainteny notre confesseur extraordinaire officiant M. Le Couvey curé de Carentan et doyen député de mon illustrissime père en Dieu monseigneur Jacques Le Fèvre du Quesnoy, évêque de Coutances notre supérieur.

Signé *Laurens; Osmont; Caillemer; Lafoley de Sorteval; Leperchois; Desplanques,* pᵗʳᵉ; *Lanon de la Lande; Le Couvey; Lefranc; sœur Gertrude du cœur de Jésus,* supérieure et *sœur Ursule de Saint-Jean.*

MARGUERITE—FRANÇOISE DESPLANQUES.

1761. — Ce jourd'hui 7ᵉ de juillet honnête fille Marguerite-Françoise Desplanques surnommée en religion sœur Barbe de la Sainte-Trinité, native de Saint-Pellerin, diocèse de Coutances, âgée de 23 ans, fille légitime de Mᵉ Jean Desplanques et de Charlotte-

Françoise de Vermont son épouse qui après avoir fait un an et plus de noviciat en habit régulier a requis humblement d'être admise à la profession a été aprouvée par la révérende mère supérieure et religieuses en chapître et examinée selon le Concile de Trente par M. de Murie, curé de Sainteny notre confesseur extraordinaire officiant et député de mon illustrissime père en Dieu monseigneur Jacques Le Fèvre du Quesnoy, évesque de Coutances, notre supérieur.

Signé *Murie; Desplanques; Couronné*, c. de Saint-Pellerin; *Desplanques; Vermont; Duplanne*, p^{tre}; *R. Groult; Lefranc; Lanon de la Lande; sœur Gertrude du cœur de Jésus*, supérieure et *sœur Barbe de la Sainte-Trinité.*

MARIE-MADELEINE LE BLOND.

1762. — Ce jourd'huy 15 d'octobre honnête fille Marie-Madeleine Le Blond, native de la paroisse de Valcanville, âgée de 25 ans, fille légitime de Jean-François Le Blond et de Madeleine Gigan son épouse, après avoir fait un an deux mois de noviciat en habit régulier a requis humblement d'être admise à la profession a été reçue par la révérende mère supérieure et religieuses en chapître et examinée selon le Concile de Trente par M. de Murie, curé de Sainteny notre confesseur extraordinaire officiant et député de mon illustrissime père en Dieu monseigneur Jacques Le Fèvre du Quesnoy, évesque de Coutances, notre supérieur.

Signé *P. Le Blond; Desmares; Murie; Lefranc; Lanon de la Lande; sœur Gertrude du cœur de Jésus*, supérieure et *sœur Dorothée des Anges.*

MADELEINE-FRANÇOISE CAILLEMER.

1763. — Ce jourd'hui 28ᵉ d'aoust honnête fille Magdeleine-Françoise Caillemer surnommée en religion sœur Monique de la Croix, native de la paroisse de St-Georges-de-Bohon diocèse de Coutances, âgée de 29 ans fille légitime de maître Jacques Caillemer et de Magdeleine Le Paysan son épouse, qui après avoir fait un an onze mois de noviciat en habit régulier requérant humblement destre admise à la profession a été aprouvée et reçue par la révérende mère supérieure et religieuses en chapître et examinée selon la forme du saint Concile de Trente par M. Muric, curé de Sainteny notre confesseur extraordinaire, officiant M. Lanon de la Lande député de mon illustrissime et révérendissime père en Dieu monseigneur Jacques Lefèvre de Quesnoy évêque de Coutances notre supérieur.

Signé *J. Caillemer; Lefranc,* pᵗʳᵉ; *Lanon de la Lande; Le Rosier; sœur Gertrude du cœur de Jésus,* supérieure, et *sœur Monique de la Croix.*

ANNE-MODESTE-AIMÉE DE MIÉE DE LA MOTTE.

1764. — Ce jourd'hui 6ᵉ d'aoust demoiselle Anne-Modeste-Aimée de Miée de la Motte, native de la paroisse de Basoche proche Falaise, diocèse de Sées, âgée de 21 ans moins un mois, fille légitime de feu noble homme René-Henry de Miée, écuyer sieur de la Motte et de dame Renée-Germaine de Ricœur de Blamont son épouse, après avoir fait un an et près de neuf mois de noviciat en habit régulier requérant humblement destre admise à la profession a été aprouvée et reçue par la révérende mère supérieure et religieuses en chapître et examinée selon la forme du saint Concile de Trente par M. Le Murie, curé de

Sainteny notre confesseur extraordinaire et officiant le même député de mon illustrissime et révérendissime père en Dieu monseigneur Jacques Lefèvre du Quesnoy évêque de Coutances notre supérieur.

Signé *Le Fèvre de Gourfaleur*; *J^h. de Miée*; *de Brasdefer*; *Duchemin*; *du Quesnoy*; *Murie*; *Le Rosier*; *Huline*; *Lanon de la Lande*; *sœur Gertrude du cœur de Jésus*, supérieure, et *sœur M. Céleste du Saint-Sacrement*.

LOUISE-FRANÇOISE-ÉLÉONORE-MÉLANIE LE NORMAND DE VILLERS.

1764. — Ce jourd'huy 16ᵉ d'aoust demoiselle Louise-Françoise-Eléonore-Mélanie Le Normand de Villers surnommée en religion sœur Thaïs de Jésus, native de la paroisse de Savigny, diocèse de Coutances, âgée de 20 ans et six mois, fille légitime de feu noble homme Charles-François Le Normand, écuyer sieur de Villers et de dame Catherine-Constance de Gourdon son épouse, après avoir fait un an et près d'un mois de noviciat en habit régulier requérant humblement destre admise à la profession a été aprouvée et reçuë par la révérende mère supérieure et religieuses en chapître et examinée selon la forme du Saint-Concile de Trente par M. Le Murie curé de Sainteny notre confesseur extraordinaire officiant et député de mon illustrissime et révérendissime père en Dieu monseigneur Le Fèvre du Quesnoy évesque de Coutances notre supérieur.

Signé *Villers*; *Villers La Maillardière*; *Van Eves Broeck de Monchaton*; *Dangy Saint-Hilaire*; *de Brasdefer*; *Courcy de Caligny*; *Yon de Dangy*; *Saint-Sauveur*; *Murie*; *Igouf*; *Huline*; *Lanon de la Lande*; *sœur Gertrude du cœur de Jésus*, supérieure, et *sœur Thaïs de Jésus*.

MARIE-ÉMÉLIE LANGLOIS DE JAINVILE.

1764. — Ce jourd'hui 8ᵉ de septembre demoiselle Marie-Emélia Langlois de Jainville surnommée en religion sœur Gertrude du Saint-Sacrement native de la paroisse de Limerie archevesché de Rouen âgée de 18 ans, fille légitime de Charles Langlois, écuyer sieur de Jainville, brigadier des gendarmes de la garde du Roy et de Marie de Venderet dame d'Herbouville, son épouse, après avoir fait un an de noviciat en habit régulier requérant humblement destre admise à la profession a été aprouvée et reçuë par la révérende mère supérieure et religieuses en chapître et examinée selon la forme du Saint-Concile de Trente par M. Le Murie curé de Sainteny notre confesseur extraordinaire officiant et député de mon illustrissime et révérendissime père en Dieu monseigneur Jacques Le Fèvre du Quesnoy évesque de Coutances notre supérieur.

Signé *Charles de Jainville*; *Adélaide Jainville*; *Boullier de la Gonnivière*; *de la Gonnivière*; *La Gonnivière*; *Bertouville*; *Denitot*; *Le Feubre de Marpalu*; *Du Roncherois Denitot*; *Dauvers*; *Murie*; *Le Rosier*; *Huline*; *Lanon de la Lande*; *sœur Gertrude du cœur de Jésus*, supérieure, et *sœur Gertrude du Saint-Sacrement*.

Ce 1ᵉʳ janvier 1766 nous nous sommes assemblées capitulairement, en la manière ordinaire, pour faire nous supérieure dudit monastère sœur Aimée de Jésus, sœur Victoire de Jésus assistant, sœur Pélagie du divin cœur et toutes les religieuses professes dudit monastère et communauté de Carentan avons fait le présent registre contenant onze feuilles pour inscrire les actes de vêtures, de noviciats et professions des chères sœurs qui voudront se donner à Dieu et à notre père saint Augustin, pendant les cinq années courantes, le tout en exécution de la déclaration du Roy du 19 avril 1736.

Signé : *sœur Marie Aimée de Jésus*, supérieure, *sœur Victoire de Jésus* assistante; *sœur Pélagie du cœur de Jésus*; *sœur Ange du Saint-Sacrement* et *sœur Séraphique du divin cœur*.

ANNE-CHARLOTTE BOUTHREUIL.

1767. — Ce jourd'hui 5ᵉ de may honeste fille Anne-Charlotte Bouthreuil surnommée en religion sœur Lucie du cœur de Marie, native de la paroisse de Meautis diocèze de Coutances âgée de 25 ans 7 mois fille légitime de feu Thomas Bouthreuil et de Jeanne Bouthreuil son épouse après avoir fait un an trois mois deux jours de noviciat en habit régulier requérant humblement d'être admise à la profession a été approuvée et reçue par la révérende mère supérieure et religieuses en chapître et examinée selon la forme du saint Concile de Trente par M. Murie de Sainteny notre confesseur extraordinaire et aussi officiant député de mon illustrissime et révérendissime père en Dieu Ange-François de Talaru de Chalmazel évêque de Coutances notre supérieur.

Signé : *C. Bouthreuil*; *N. Bouthreuil*; *Murie*; *G. Morel*; *F. Gillot*; *N. Douët*, chrg; *A. de St-Jullien*; *Delange*, substitut; *Lanon de la Lande*, ptre; *Huline*; *sœur Marie Aimée de Jésus*, supérieure et *sœur Lucie du cœur de Marie*.

JUDITH-SUZANNE MAHIEU DE MARTOT.

1767. — Ce jourd'hui 21ᵉ de septembre damoiselle Judith-Suzanne-Mahieu de Martot surnommée en religion sœur Agnès de Jésus native de la paroisse de Saint-Georges-de-Bohon diocèse de Coutances, âgée de 22 ans 10 mois quelques jours, fille légitime de François Mahieu écuyer sieur de Martot et de Marie-Marguerite Ecolasse son épouse après avoir fait un an et un mois de noviciat en habit régulier requérant humblement d'être admise à la profession a été aprouvée et reçuë par la révérende mère supérieure et religieuses en chapître et examinée selon la forme du saint Concile de Trente par M. Le Muri curé de Sainteny officiant M. Christi curé de Vely député de mon illustrissime et révérendissime père en Dieu monseigneur Ange-François de Talaru évêque de Coutances notre supérieur.

Signé *C. Christy*; *F. Mahieu*; *Mahieu de Lilletot*; *Bourdon*; *J. Mahieu*; *Desplanques*, av^t; *M. Escolasse*; *Lanon de la Lande*; *sœur Marie-Aimée de Jésus*, supérieure, et *sœur Agnès de Jésus*.

SUZANNE DABOVILLE.

1768. — Ce jourd'hui...... de juin demoiselle Suzanne Daboville surnommée en religion sœur Eugénie de la Sainte-Trinité, de la paroisse de Théville, diocèse de Coutances, âgée de 27 ans quelques mois, fille légitime de Guillaume, écuyer sieur Daboville et de Marie-Jeanne-Charlotte Bourdet son épouse, après avoir fait un an de noviciat en habit régulier requérant humblement destre admise à la profession a été approuvée et reçuë par la révérende mère supérieure et religieuses en chapître examinée selon la forme du saint Concile de Trente par M. Murie, curé de Sainteny notre confesseur extraordinaire et aussi officiant député de mon illustrissime et révérendissime père en Dieu monseigneur Ange-François Talaru de Chalmazel, évêque de Coutances notre supérieur.

Signé *Murie*; *Laroutte*, de Beuzeville-au-Plein; *Huline*; *G. Daboville*; *Marie Bourdet*; *G. C. Daboville*; *M. Anne Daboville*; *J. Delaroutte*; *Lanon de la Lande*, p^{tre}; *sœur Marie-Aimée de Jésus*, supérieure, et *sœur Eugénie de la Sainte-Trinité*.

MARIE-MARGUERITE LE NAVETIER.

1768. — Ce jourd'hui 15e d'octobre demoiselle Marie-Marguerite Le Navetier, de la paroisse d'Amigny, diocèse de Coutances, âgée de 26 ans, fille légitime de Charles, sieur Le Navetier et de demoiselle Marie-Catherine d'Artenay, de la paroisse de Tribehou, son épouse, après avoir fait un an huit jours de noviciat en habit régulier, requérant humblement d'être admise à la profession a été approuvée et reçuë par la révérende mère supérieure et religieuses en chapître et examinée, selon la forme du saint Concile de Trente, par M. Murie, curé de Sainteny et aussi officiant, député de mon illustrissime et révérendissime père en Dieu monseigneur Ange-François Talaru de Chalmazel, évêque de Coutances notre supérieur.

Signé *Murie*; *Heuline*; *Lanon de la Lande*; *Le Navetier-La-Provoterie*; *Vieillard*, c. de Tribehou; *Belleux*; *Douet*; *sœur Marie-Aimée de Jésus*, supérieure, et *sœur Adélaïde de Jésus*.

MARIE-JACQUELINE DURSUS DE CARNANVILLE.

1769. — Ce jourd'hui 1er mai demoiselle Marie-Jacqueline Dursuë de la paroisse de Crasville diocèse de Coutances, âgée de 25 ans 18 jours fille légitime de messire Louis-Félix Dursuë écuyer sieur de Carnanville et de noble dame Françoise-Elisabeth Dursuë son épouse, après avoir fait un an neuf jours de noviciat en habit régulier requérant humblement destre admise à la profession a été approuvée et reçue par la révérende mère supérieure et religieuses en chapître et examinée selon la forme du saint Concile de Trente par M. Murie, curé de Sainteny et aussi officiant député de mon illustrissime et révérendissime père en Dieu monseigneur Ange-François Talaru de Chalmazel, évêque de Coutances notre supérieur.

Signé *Dursuë-Carnanville*; *Dursuë de Courcy;* *Danneville-Tamerville*; *Lecanu de Basmaresq*; *Murie*; *Lanon de la Lande*; *sœur Marie-Aimée de Jésus*, supérieure, et *sœur Hiacinthe de Jésus*.

ANNE—THÉRÈSE MAHIEU DE MARTOT.

1769. — Ce jourd'hui 14ᵉ de juin damoiselle Anne-Thérèse Mahieu surnommée en religion sœur Constance des Anges, de la paroisse de Bohon, diocèse de Coutances, âgée de 26 ans quelques mois, fille légitime de François Mahieu, écuyer sieur de Martot et de Marie-Marguerite Ecolasse, son épouse, après avoir fait un an six jours de noviciat en habit régulier requérant humblement d'être admise à la profession a été approuvée et reçuë par la révérende mère supérieure et religieuses en chapître et examinée selon la forme du saint Concile de Trente par M. Murie, curé de Sainteny officiant monsieur d'Auxais, curé d'Auxais député de mon illustrissime et révérendissime père en Dieu monseigneur Ange-François Talaru de Chalmazel, évêque de Coutances, notre supérieur.

Signé *Mahieu de Martho; Mahieu de Beauval; Mahieu de Lilletot*; *M. Escolasse*; *R. Dauxaïs*, c.; *Dauxais*; *Desplanques*, chanoine de Noyon; *Desplanques*, avᵗ; *Huline*; *Lanon de la Lande*; *sœur Marie-Aimée de Jésus*, supérieure, et *sœur Constance des Anges*.

SUZANNE LE PAISANT.

1769. — Ce jourd'huy 20ᵉ de septembre honeste fille Suzanne Paisant surnommée en religion sœur Suzanne des Anges, de la paroisse de Saint-Georges-de-Bohon, diocèse de Coutances, âgée de 29 ans quelques mois, fille légitime de Louis Le Paisant et de Marie Burnet son épouse, après avoir fait un an 24 jours de noviciat en habit régulier, requérant humblement d'être admise à la profession a été aprouvée et reçuë par la révérende mère supérieure et religieuses en chapître et éxaminée selon la forme du saint Concile de Trente par M. Murie, curé de Sainteny officiant M. de la Lande notre premier chapelain député de mon illustrissime et révérendissime père en Dieu monseigneur Ange-François de Talaru de Chalmazel, évêque de Coutances notre supérieur.

Signé *Suzanne Yver la Bruchollerie*; *Jean Le Paisant*; *Le Rozier*, prêtre; *Huline*, prêtre; *F. Burnet*; *Lanon de la Lande*; *sœur Aimée de Jésus*, supérieure.

CATHERINE VAUTTIER.

1769. — Ce jourd'hui 7ᵉ d'octobre honeste fille Catherine Vautier surnommée en religion sœur Agathange de St-Clément, de la ville de Carentan, diocèse de Coutances, âgée de 23 ans 3 mois, fille légitime de feu Pierre Vautier et de défunte Marie Fouquet son épouse, après avoir fait un an trois jours de noviciat en habit régulier requérant humblement destre admise à la profession a été aprouvée et reçuë par la révérende mère supérieure et religieuses en chapître et éxaminée selon la forme du saint Concile de Trente par M. Murie, curé de Sainteny, officiant M. Murie, curé de Sainteny député de mon illustrissime et révérendissime père en Dieu monseigneur Ange-François-Talaru de Chalmazel, évêque de Coutances notre supérieur.

Signé *Murie*; *Thomas Vauttier*; *Guidon*; *J. Perrotte*; *Ozouet*; *Jeanne Adam*; *Huline*; *Lanon de la Lande*; *sœur Marie-Aimée de Jésus*, supérieure, et *sœur Agathange de Saint-Clément*.

MARIE-ANNE DABOVILLE.

1771. — Ce jourd'hui 5e de juin demoiselle Marie-Anne Daboville surnommée en religion sœur Amante de Jésus, de la paroisse de Théville, diocèse de Coutances, âgée de 19 ans et demi, fille légitime de Guillaume, écuyer, sieur Daboville et de Marie-Jeanne-Charlotte Bourdet son épouse, après avoir fait un an de noviciat en habit régulier requérant humblement d'être admise à la profession a été aprouvée et reçuë par la révérende mère supérieure et religieuses en chapître et examinée selon la forme du saint Concile de Trente par M. Murie, ancien curé de Sainteny et aussi officiant député de mon illustrissime et révérendissime père en Dieu monseigneur Ange-François de Talaru de Chalmazel, évêque de Coutances notre supérieur.

Signé *G. Daboville*; *L A. Daboville*; *Madeleine Daboville*; *Murie*; *M. F. Le Rosier*; *Lanon de la Lande*; *sœur Marie-Aimée de Jésus*, supérieure, et *sœur Amante de Jésus*.

CATHERINE SADOT.

1771. — Ce jourd'hui 8e de septembre demoiselle Catherine Sadot surnommée en religion sœur Augustine de Saint-Ambroise âgée de 27 ans un mois native de la ville de Carentan, diocèse de Coutances, fille légitime de monsieur Henry Sadot et de Catherine

Le Naury son épouse, après l'expérience d'un an et trois jours de probation en habit régulier a demandé et requis humblement d'être reçuë à la sainte profession ayant été aprouvée par la révérende mère supérieure et religieuses en chapître examinée selon la forme du saint Concile de Trente par M. Murie, ancien curé de Sainteny député de mon illustrissime et révérendissime père en Dieu monseigneur Ange-François de Talaru de Chalmazel notre supérieur, officiant M. Murie, ancien curé de Sainteny.

Signé *Miette*; *Catherine Lepouri*; *Marie Sadot*; *Palla*; *J. Scelles*; *Piel*, av^t; *Desplanques*; *Murie*; *Le Rozier*; *Lanon de la Lande*; *sœur Marie-Aimée de Jésus*, supérieure, et *sœur Augustine de St-Ambroise*.

MARIE-MARTHE-ROSE D'AUXAIS.

1771. — Ce jourd'hui 19° de novembre damoiselle Marie-Marthe-Rose d'Auxais, de la paroisse de Sainteny, diocèse de Coutances, âgée de 17 ans quelques mois, fille légitime de messire François-Alexandre d'Auxais, écuier, et de noble dame Marie-Marthe le Danois, son épouse, qui après l'expérience et probation d'un an requérant humblement d'être reçuë à l'habit régulier ayant été examinée et aprouvée par la révérende mère supérieure et religieuses en chapître a reçu l'habit régulier prenant le nom de sœur Rosalie de la Sainte-Vierge, officiant monsieur d'Auxais, curé d'Auxais, député de mon illustrissime et révérendissime père en Dieu monseigneur Ange-François Talaru de Chalmazel, évêque de Coutances notre supérieur.

Signé *R. Dauxais*, curé d'Auxais; *Du Hamel d'Haudienville*; *F. d'Auxais*; *Marie d'Auxais*; *Mahieu*; *Avril d'Auxais*; *Le Bailly*, av^t; *Albardif*; *M. F. Le Rosier*, p^{tre}; *Lanon de la Lande*; *sœur Marie-Aimée de Jésus*, supérieure, et *sœur Rosalie de la Sainte-Vierge*.

ANNE—DUPREY DESILLES.

1772. — Ce jourd'hui 28 d'avril demoiselle Anne Désilles, de la paroisse de Meautis, diocèse de Coutances, âgée de 29 ans, fille légitime de Charles Joachim Duprey, écuyer, sieur Desilles et de demoiselle Anne Bellot son épouse, après l'expérience et probation d'un an et sept jours, requérant humblement d'être reçue à l'habit régulier ayant été examinée et approuvée par la révérende mère supérieure et religieuses en chapitre a reçu l'habit régulier prenant le nom de sœur Sophie de Jésus, officiant M. Murie, ancien curé de Sainteny député de mon illustrissime et révérendissime père en Dieu monseigneur Ange-François de Talaru de Chalmazel, évêque de Coutances, notre supérieur.

Signé *Duprey-Desilles*; *Bello Duprey*; *Lorimier Desilles*; *Le Pelley de la Houssairie*; *Simon de la Sommaiserie*; *Precorbin*; *Le Feubre de Gourfaleur*; *de Breard*; *Berenger*; *Murie*; *Le Rosier*; *Lanon de la Lande*; *sœur Marie Aimée de Jésus*, supérieure et *sœur Sophie de Jésus*.

ANNE—FRANÇOISE D'ARGOUGES.

1772. — Ce jourd'hui 13ᵉ de may demoiselle Anne-Françoise Dargouges, de la paroisse de Cormolain, diocèse de Bayeux, âgée de 18 ans, fille légitime de messire Ollivier Dargouges, écuyer, et de noble dame Catherine de Chantelou, son épouse, apprès l'expérience et probation d'un an un mois 13 jours, requerant humblement d'être reçuë à l'habit religieux, ayant été examinée et approuvée par la révérende mère supérieure et religieuses en chapitre a reçû l'habit régulier prenant le nom de sœur Agathe du cœur de Jésus, officiant M. Murie, ancien curé de Sainteny député de mon illustrissime et révérendissime père en Dieu monseigneur Ange François de Talaru de Chalmazel, évêque de Coutances, notre supérieur.

Signé *Caterine de Chantelou*; *Dargouges*; *Dargouges*; *Henry Dargouges*; *Marie-Catherine Dargouges*; *Jeanne-Jacqueline d'Argouges*; *Hébert*, capitaine de cavalerie, *J. Gohier*, *Levert*; *Thibouet*; *Le Rosier*, p^tre; *Lanon de la Lande*; *sœur Marie-Aimée de Jésus*, supérieure et *sœur Agathe du cœur de Jésus*.

MARIE—MARTHE-ROSE D'AUXAIS.

1772. — Ce jour d'hui 8° de décembre demoiselle Marie-Marthe-Rose d'Auxais surnommée en religion sœur Rosalie de la Sainte-Vierge âgée de 18 ans, de la paroisse de Sainteny, diocèse de Coutances, fille légitime de messire François-Alexandre d'Auxais, écuyer et de feue noble dame Marie-Marthe Le Danois, son épouse, après l'expérience d'un an et dix jours de probation en habit régulier a requis humblement d'être reçue à la sainte profession ayant été aprouvée par la révérende mère supérieure et religieuses en chapître, examinée selon la forme du Concile de Trente par M. Murie, ancien curé de Sainteny député de mon illustrissime père en Dieu monseigneur Ange François de Talaru de Chalmazel, évesque de Coutances, notre supérieur, officiant monsieur d'Auxais, curé d'Auxais.

Signé *Avril d'Auxais*; *R. Dauxais*; *J. Dauxais*; *J. Avril*; *Beaumanoir*; *P. Le Rendu*; *Le Bailly*; *Lanon de la Lande*; *sœur Marie-Aimée de Jésus*, supérieure et *sœur Rosalie de la Sainte-Vierge*.

MARIE-ANNE-ANTOINETTE LE CAUF DE MONFREVILLE.

1773. — Ce jour d'huy 20° d'avril demoiselle Marie-Anne-Antoinette de Monfreville, de la paroisse de

Vouilly, diocèse de Bayeux, âgée de 25 ans, fille légitime de monsieur Jean-Antoine Le Cauf, écuyer sieur de Monfreville et de dame Marie-Eude de la Goyère son épouse, après l'expérience et probation d'un an requérant humblement d'être reçue à l'habit régulier ayant été examinée par la mère supérieure et religieuses en chapître a reçu l'habit régulier prenant le nom de sœur Aimée de Jésus officiant M. de Rampon député de mon illustrissime père en Dieu monseigneur Ange-François Talaru de Chalmazel évêque de Coutances notre supérieur.

Signé *Le Cauf de Monfreville*; *Saint Vigor la Goyère*; *Potier Despinoze*; *Eude de Monfresville*; *Le chev^{er} de Rampan*, garde du corps du Roy; *F. Dauxais*; *Léonard de Rampan*, p^{tre}; *l'abbé de la Bazonnière*; *De Saon*; *Requier*, chapelain; *Lanon de la Lande*; *sœur Marie-Aimée de Jésus*, supérieure, et *sœur Aimée de Jésus-Monfreville*.

Nota. — De la main de la supérieure est écrit : *Elle est morte voile blanc; c'était une perle pour notre communauté.*

CATHERINE DE BRÉARD.

1774. — Ce jourd'huy 8e de décembre demoiselle Catherine de Bréard, surnommée en religion sœur Alexis des Anges, de la paroisse de Foucarville, diocèse de Coutances, âgée de 28 ans fille légitime de feu noble homme Pierre de Bréard, écuyer et de dame Louise Clément son épouse, après avoir fait un an de noviciat en habit régulier requérant humblement d'être admise à la profession a été reçue et aprouvée par la révérende mère supérieure et religieuses en chapître et examinée selon la forme du Concile de Trente par M. Murie, ancien curé de Sainteny officiant M. Le Couvey curé de Carentan député de mon illustrissime père en Dieu monseigneur Ange-François de Talaru de Chalmazel évêque de Coutances notre supérieur.

Signé *Poisson de Grandval*; *Boullier la Gonnivière*; *Le Febvre de Gourfaleur*; *de Bréard*; *De Mons de Marpalu*; *Le Febvre de Marpalu*; *Du Hamel d'Haudienville*; *Mollet de Beuzeville*; *Murie*; *Desplanques*: *Warmé Desplanques*; *Le Couvey*; *sœur Marie-Aimée de Jésus*, supérieure, et *sœur Alexis des Anges*.

ANGÉLIQUE LE GALLOIS.

1781. — Ce jourd'hni 21ᵉ de novembre demoiselle Angélique Le Gallois, de la ville de Cherbourg, fille légitime de M. Augustin Le Gallois et d'Anne Langlois son épouse, après l'expérience en habit régulier de près de 18 mois ayant humblement demandé d'être admise à faire profession après avoir été approuvée par la mère supérieure et religieuses en chapître et examinée selon la forme du concile de Trente par M. Moulin, curé de Catz, député de monseigneur Ange-François de Talaru-Chalmazel évêque de Coutances notre supérieur a ce jourd'huy prononcé ses vœux de religion en la manière ordinaire officiant monsieur Desplanques aussi député de mondit seigneur évêque de Coutances.

Signé *Belin*, pᵗʳᵉ; *A. H. Hebert*, pᵗʳᵉ; *Desplanques*, pᵗʳᵉ; *Delaporte*; *sœur Mélanie de Saint-Ambroise*, et *sœur Séraphique du divin Cœur*, supérieure.

CLÉMENCE-CHARLOTTE-MARIE LEMPÉRIÈRE DE DANEVILLE.

1783. — Ce jourd'hui 28ᵉ d'avril demoiselle Clémence-Charlotte-Marie Lempérière âgée de 22 ans et 10 mois fille de Messire Etienne-François Lempérière, écuyer, Sʳ de Daneville et du Manoir, et de dame Marie-

Charlotte-Françoise Simon son épouse de la paroisse de St-Germain-de-Varreville, après 8 mois d'expérience demandant humblement d'être reçue à l'habit régulier après avoir été examinée par la révérende mère supérieure et religieuses en chapître a reçu le dit habit régulier et a pris le nom de sœur Marie de Jésus, officiant M. Daboville, curé de Crasville député de monseigneur Ange-François de Talaru-Chalmazel évêque de Coutances notre supérieur.

Signé *Lempérière Daneville; Simon de Touffreville; Simon d'Arqueville; Danjou d'Arqueville; Simon du Breuil; Le chev*er *de Banneville; Chossier*, prieur curé de Varreville; *Daboville; Hebert* p^tre; *Gosselin* p^tre; *Desplanques*, chap.; *sœur Séraphique du divin cœur*, supérieure, et *sœur Marie de Jésus*.

HENRIETTE-MARIE-ANNE-MADELEINE DE GRIMOUVILLE DE CUSSY.

1783. — Ce jourd'hui 15e de juillet demoiselle Henriette-Marie-Anne-Madeleine de Grimouville, âgée de 20 ans, fille de messire René-Jean-Baptiste de Grimouville, écuyer seigneur de Cussy et de noble dame Madeleine-Charlotte-Morel de Servigny, de la paroisse de Cussy, diocèse de Bayeux, après un an douze jours d'expérience et probation demandant humblement d'être reçue à l'habit régulier après avoir été examinée par la révérende mère supérieure et religieuses en chapître a reçu le dit habit régulier et a pris le nom de sœur Victoire de saint nom de Marie, officiant M. l'abbé de Grimouville, vicaire-général de Châlons-sur-Marne député de monseigneur Ange-François de Talaru de Chalmazel, évêque de Coutances notre supérieur.

Signé *Morel de Grimouville Cussy; Grimouville de*

la Haye; Morel des Fresnes; Hue de Sully; Lescaudey de Maneval; Basnage; du Chatel; de Grimouville Larchant, vic.-gén. de Châlons-s.-M.; *de Godefroy de Boisjugan,* chanoine de Bayeux, vic.-gén. de Dol; *Gosselin* p^{tre}; *Desplanques* chap.; sœur *Victoire du saint nom de Marie* et sœur *Séraphique du divin cœur,* supérieure.

INDEX DE L'ÉTAT CIVIL

A

1731. 16 janvier. — Mariage de Mr Charles Dauxais, esc. sr de la Couture, fils de feu Charles et de feue dame Marie Lambert, de St-Eny, avec d{elle} Jeanne Bonvalet fille de M. Jean Bonvalet sr du Dezert et de Anne Dusiquet.

1732. 18 juin. — Mariage de Mr Antoine Gervais et de dam{elle} Marie Dauxais, fille de feu Charles Dauxais esc. sr de la Couture et de feue dame Marie Lambert.

1736. 17 août. — Baptême de Jacq. François Gervais, fils de Mr Antoine Gervais et de dam{elle} Marie Dauxais son épouse.

1737. 7 février. — Henry-Jean-Antoine Dauxais, esc. sr de Franquetot et dam{elle} Marthe Dubois de Dangy, parain et maraine. Signé le chevalier de Franquetot.

1740. 9 mai. — Inhumation de damoiselle Marie Dauxais, épouse de Mr Antoine Gervais, morte hier.

1744. 24 nov. — Mariage de Mr Louis Amyot, de Chambly diocèse de Paris, âgé de 28 ans, fils de feu Jacq.-André Amyot et de Louise Jacquin — avec Marie-Anne Boyron âgée de 38 ans Ve de Robert Chauvin et fille de Mr Antoine Boyron et de défunte Charlotte Marguerite Le Seigneur.

1747. 12 avril. — Mariage de Mr Jacq. Pierre François Dauxais, fils de feu Jacq. Augustin et de feu Charlotte Lelièvre, de Meautis — avec d{elle} Anne

Marguerite Yon, fille de Pierre Yon, esc. et de feu Marguerite Lendet, de Coigny.

1748. 4 sep. — Inhumation de M⁏ Nicolas Aumont, receveur des Aydes à Carentan mort d'hier âgé de 90 ans.

1751. 3 mars. — Baptême de Charles Le Petit; parain M⁏ Michel Augustin Dauxais, écuyer sieur du Bosc; maraine madame Ruel de Sainte Marie, sa belle-sœur.

1752. 11 août. — Baptême de Jean Charles Michel Dauxais, fils de M⁏ Charles Jacques Michel Dauxais, écuyer seigneur de Sainte Marie, ancien officier au régiment de Harcourt et de dame Marie Charlotte Ruel. Parain Jean Bapᵗ Viel, seigneur de Gramont; maraine Géneviève Le Courtois, veuve de Charles Le Sage, seigneur d'Audienville et vicomte de Carentan.

1757. 3 mai. — Mariage de M. Henry d'Auxais, écuyer seigʳ du Breuil, de Sortoville, St Pierre d'Arthéglise, Bunnehout et Valmenil, fille de défunt Henry d'Auxais, écuyer et de Marie Anne de Campuley — avec damᵉˡˡᵉ Catherine Le Roy du Campgrain, fille majeure de Jacq. René Le Roy, écuyer sʳ de Campgrain, et de Catherine Lemprière de Tourville du Desert. Témoins : le chev. Dehennot de Théville chev. profès de l'ordre de Malte. Signé Cath. Le Roy; Du Breuil Dauxais; le chev. de Théville; A Fouquet, C de Vierville et Osmont prêtre.

1759. 20 décembre. — Mariage de Louis Amyot, de Montirendes en Champagne, veuf de Marie Boyron, avec dᵉˡˡᵉ Louise Le Seigneur fille de défunts M. Jean Le Seigneur et de Marie Thérèse Langevin.

1761. 14 janvier. — Mariage de François René d'Aigremont esc. seig. et patron d'Audouville-la-Hubert, fils de feu René d'Aigremont et de feue

Jeanne Branche — avec dem*elle* Louise Marie Françoise Caillemer, fille de Henry Caillemer, avocat, et de Françoise Julie Letournel. En présence de Henry et Antoine d'Aigremont frères, Claude Lefebvre de Marpalu cousin — Henry Caillemer père de l'épouse et Louis Caillemer s^r du Mesnil, avocat, oncle de l'épouse.

1762. 31 décembre. — Inhumation de dame Marie-Françoise-Charlotte Dauxais.

1770. — 19 juillet. — Inhumation de Mr Jacq. Michel Dauxais, esc. seig. d'Auverville, âgé d'environ 70 ans.

1774. 21 mai. — Baptême de Reine Antoinette Joséphine Aubry fille de Mr Jean Aubry et de Marie Métais. Maraine Marie Reine Françoise de St Simon; parrain Jean Bon Antoine Le Sauvage, seig. et patron d'Houesville — Signé St Simon Le Sauvage; Le Sauvage.

B

1717. 14 janvier. — Inhumation dans la chapelle du Rosaire du corps de demoiselle Marie Bôquet, fille d'Alexandre Boquet, esc. seign. de Turqueville.

1723. 8 juin. — Inhumation de dam*elle* Charlotte Boissel, veuve de Henri Le Mesnil, esc. s^r de St André.

1725. 1er décembre. — Après la publication des bans, tant en cette église qu'en celle de Ste Opportune et les fiançailles faites entre les personnes de Mr Nicolas Blondel de Ste Opportune, fils de feu Jacques Blondel, en son vivant advocat à Periers et de damoiselle Jacqueline Potier d'une part, et de Marguerite Charlotte Le Seigneur, fille de Mr Jean Le Seigneur et de demoiselle Marie Thérèse Langevin, ses père et mère d'autre part, nous messire Georges Le Gatelois, prêtre, vicaire de Ste Opportune, les avons mariés par permission de messire Nicolas Foucher, curé de ce lieu. Signé Marguerite Le Seigneur, Blondel, Quenault, Hastey, Le Seigneur, Vandon, Boyron, Delosque, Hébert, Durand, Normand, Racine, Le Rosier, Le Gasdelois et Foucher curé.

1726. Mariage de Mr Georges Béatrix, esc. s^r de Bonchamps, fils de Thomas et de Françoise Le Noël de Rouville — avec Marie Jouhan, fille de feu François, esc. s^r de Hautmesnil, et de Marguerite Maloisel.

1730. 5 fev. — Baptême de Georges Borel, fils de Robert et de dam^{elle} Françoise Mahieu.

1732. 7 octobre. — Mariage de Mr Thomas Boyron, fils de Mr Antoine Boyron et de Charlotte Marguerite Le Seigneur — avec Anne Poutrel.

1735. 22 nov. — Mariage de Thomas Bredonchel — avec Bonne Catherine Mahieu, veuve d'Antoine Mauger et fille de Jacq. Salomon Mahieu, esc. et de Catherine Poisson.

1740. 5 nov. — Inhumation de Barbe-Elisabeth Boyron, femme de Me Nicolas-François Hamon, de Maresc.

1741. 10 janvier. — Mariage de Mr Antoine Boyron, âgé de 33 ans, fils d'Antoine et de feue Charlotte Le Seigneur — avec Marie Laurens, fille de Michel Laurens et de Marie Eude.

1742. 2 juillet. — Inhumation de M. Antoine Léonor Blanchard, esc. conseiller et advocat du Roy à Carentan.

1743. 9 juillet. — Mariage de M. Jacq. Blacher, docteur agrégé dans la faculté de médecine de l'université de Caen, fils de feu Jean Blascher, ancien consul et échevin de la ville de Caen, et de Marie Anne Elisabeth Liegard—avec demoiselle Marie Claude Michelle Rivière, fille de feu Jean Rivière, sieur de Carteville, et de demoiselle Marie Janot. Ledit Jacques Blascher âgé de 42 ans et ladite demoiselle âgée de 16 ans. En présence de Charles Raphaël Hervieu de Pontlouis, piqueur au premier vol pour corneille dans la grande fauconnerie, cousin au maternel de ladite épousée.

1747. 3 juin. — Mariage de Nic. Joseph Blascher, s^r des Portes, âgé de 37 ans, fils de Jean Blascher et de Marie Anne Liégard, de Caen — avec d^{elle} Marie Charlotte Hervieu âgée de 32 ans, fille de Mr Charles Hervieu, s^r de Pont Louis, officier commensal de feu *Monsieur*, et de Marguerite Gosselin.

1748. 20 février. — Mariage de Charles Alexandre Boyron, âgé de 28 ans, fils de Antoine et de feu Charlotte Marguerite Le Seigneur, — avec Marie-Françoise Michel Aze, âgée de 21 ans, fille de feu Pierre et de Marie Ferrand. En présence de M. François Aze, chapelain des dames religieuses de Carentan, oncle de l'épouse.

1753. 16 juillet. — Baptême de Louise Catherine de Baudiqué, fille de Claude, contrôleur des actes et receveur des domaines du Roy de cette ville et de Catherine Des Roys. Parain Louis d'Hermerel, écuyer seig. et patron d'Agy, lieutenant-général civil criminel au baillage de Carentan; maraine Elisabeth de Farjonel, épouse de M. Guill. Desplanques de Lessey, écuyer, seigneur et patron d'Auxais, chevalier de St-Louis, gouverneur et commandant pour le Roy des ville et chateau de Carentan et forteresse des Ponts d'Ouve.

1757. 9 août. — Mariage de Guill. Bonnet, s^r de

Lepine, de Ravenoville, — avec d^{elle} Elisabeth Géneviève Elie, fille de feu Jean Bap°, et de Marie Anne Robert. Témoins : Jean Bap. Jacq. Elie, s^r de Beaumont, avocat au Parlement de Paris, — Marie et Anne Elie, frère et sœur de l'épouse, — Jean François de Kersulgen, cap^e au régiment de milice de Carhaix. Signé Elisabeth Genev. Elie; — Robert Ve Elie; — Elie de Beaumont; — Marianne Elie; — Le chev. Kersulgen.

1759. 7 août. — Mariage de Thomas Hyacinthe Boyron, fils d'Antoine et de Marguerite Charlotte Le Seigneur, décédés, avec d^{elle} Marie Couillard.

1760. 1er août. — Baptême de Jacques Bonnet, fils de Guillaume et de d^{lle} Elie, son épouse. Parain Jean Antoine Elie, d^r en médecine; maraine Anne Esther Morin, épouse de M. Jean Bap. Jacq. Elie, avocat au parlement de Paris, réprésentée par d^{lle} Anne Marie Anne Elie. Signé F. A. Elie de la Poterie; — Marie Anne Elie; — De Brix, vic.

1764. 22 décembre. — Baptême de Renée Bourdon, fille de Pierre Bourdon, conseiller du Roy en l'élection de Carentan et de Marguerite Fremin du Mesnil. — Maraine Catherine Yver, épouse de René Bourdon, conseiller du Roy en l'élection; — parain Joseph Pasquier, esc. Trésorier de France au parlement de Paris et conseiller au grand conseil de St-Domingue.

1765. 22 sep. — Inhumation de demoiselle Anne de Boudier, veuve de Guill. de Mauconvenant, âgée de 60 ans.

C

1724. 12 janvier. — Mariage de Louis Caillemer s^r du Mesnil avocat au baillage et vicomté de Carentan, fils de Henry et de Marie Anne Boissel — avec Marie Dumont, veuve de Jacq. Le Catelinois.

1730. 29 mars. — Baptême de Charles Cornavin, fils de Thomas, sʳ du Ferage, avocat.

1730. — En cette année grande mortalité dans la garnison de Carentan comprenant des détachements du régiment de Rosen, cavalerie allemande.

1731. 1ᵉʳ août. — Baptême de Jean François Catheaugrue, fils de Nicolas et d'Anne Le Sauvage. Parain Jean-François Guill. Mahieu, esc. sʳ de Lilletot; maraine dame Françoise Aldegonde de Millière de Lilletot, sa mère.

1733. 11 fév. — Inhumation dans le cimetière de diserette personne René Cornavin, prêtre, fabricier et marguillier de cette église, par messire Nicolas Foucher, curé du dit lieu.

1748. 26 avril. — Inhumation dans l'église de messire Jacq. Collibert curé de Carentan, mort d'hier. Inhumé dans le chœur par messire François de St-Laurent, curé de Brevend.

Nota. — La mortalité a été très grande à Carentan pendant le printemps en 1748. On l'explique par la présence de nombreux détachements des régiments de milices de Limoges — du régiment suisse de Monin et du 3ᵉ bataillon du régiment de Polignac.

1748. 8 nov. — Inhumation dans l'église de damoiselle Suzanne Caillemer, veuve de Julien de Millières, esc.

1749. 29 avril. — Mariage de M. Charles Cornavin, âgé de 66 ans, fils de feu Jean et de demoiselle Gilette Hardy — avec demoiselle Marie Madelaine Durand, fille de feu Jean, sieur de la Borderie, et de Marie Claude Brohier, âgée de 24 ans. En présence de M. Jean-François Guill. Mahieu, sieur de Lilletot, et de Marie Anne Le Febure veuve de Georges François de Gourfaleur.

1757. 6 oct. — Baptême de René Cailler. Parain Cyprien Couet, chapelain du roy à Fontainebleau et prieur de Sté-Anne de Carentan.

1765. 22 mars. — Inhumation de dame Marie Barbe Canivet, veuve de M. Blanchard, esc. sieur de Beaumont, avocat au baillage de ce lieu.

1765. 9 juillet. — Mariage de M. Claude de Cussy, escuyer, fils de René François et de Barbe du Praël, de Bricqueville près Bayeux, — avec Marie Laffoley de Sorteval, fille de Joseph Laffoley de Sorteval et de feu Marie Oury. Témoins : René-François de Cussy; — Hervé Dubois seig. de Vidouville; — Joseph Laffoley de Sorteval; — Cussy de la Rosière; — Sorteval de Wolbock.

D

1718. Le 8 mars. — Baptême de Jean Dubois né d'hier, fils de M. Michel-François Du Bois, advocat à Carentan et de demoiselle Barbe Langevin, son épouse. Parrain M. Jean Laffolay de Sorteval, escuyer de feu monsieur le Prince, receveur des Tailles de Carentan; marraine demoiselle Marguerite Gosselin.

1722. 1er octobre. — Baptême de Barbe, fille de M. Michel Dubois, avocat à Carentan et de demoiselle Barbe Langevin — dame Jeanne Yver et M. Thomas Legouix, sieur de la Couture, conseiller du Roy, maraine et parain.

1724. 17 juillet. — Baptême de Marie Durand, fille de Jean, sieur de la Borderie et de demoiselle Claude Brohier. Antoine Lereculley, sieur de la Huberderie et Marie Durand, son épouse, parain et maraine.

1725. 27 novembre. — Mariage de M. Jean Durand, sieur des Jardins, fils de feu Jean et de demoiselle Jeanne de Fortescu — avec Marie Jeanne Duval, fille de feu Claude Duval sieur de la Pallière, et de Marie Fourier.

1725. 1er décembre. — Mariage de M. Michel Julien Duval, sieur de la Pallière, advocat au baillage et vicomté de Carentan, fils de feu M. Claude Duval, sieur de la Pallière, et de Marie Fourier et de demoiselle Marie-Anne Le Seigneur, fille de M. Jean Le Seigneur, sieur de Ponhergé, et de demoiselle Marie Thérèse Langevin. Signé Duval; Marianne Le Seigneur; Hastey; Quenault; C. H. Duval; Le Seigneur; Boyron; Delosque; Vandon et Le Rosier.

1727. 23 octobre. — Inhumation de damoiselle Françoise Scolastique Dubois d'Angy.

1728. 30 avril. — Inhmation dans l'église de Michel Julien Duval, sieur de la Pallière, avocat et eschevin de Carentan.

1730. 7 janvier. — Mariage dans la chapelle du couvent de Louis Dubois, docteur en médecine, fils de feu Nicolas et de demoiselle Françoise Gérard, de la Croix-en-Avranchin — avec Anne Renée Brohier, fille d'Alexandre et de Marie Lefebure, veuve de M. Deslonchamps-Renault, de Hiéville.

1731. 16 février. — Baptême de Louis Joseph Dubois, fils de Louis Dubois, docteur en médecine et de Anne Renée Brohier.

1733. 14 avril. Mariage de M. Nic. Théodore Des Planques, sieur du Gravier, fourrier de la Reine, fils de feu Nicolas Des Planques, sieur du Mesnil, avocat, et Marguerite Rosey — avec damoiselle Eulalie Louise Elisabeth Hervieu fille de feu M. Charles Hervieu, sieur de Pontlouis, porte arquebuse de S. A. feu Monsieur et de défunte Marguerite Gosselin.

1737. 14 mai. — Inhumation dans l'église de Bernardin Dyvetot, escuyer, organiste de cette église.

1749. 26 février. — Baptême de Louis Gabriel, fils de Guillaume Desplanques, esc. seig. de Lessay, gouverneur et commandant pour le Roy à Carentan, capitaine général de la capitainerie des milices gardes-cotes de Granville, et de dame Elisabeth Farjonnel. Parain Louis Ravend, esc. seig. de Boisgrimot, chevalier de l'Ordre royal et militaire de St-Louis, ancien lieut.-colonel de cavalerie; maraine dame Marguerite Gabriel de Lorne-le-Noir.

1752. 2 décembre. — Mariage de Henry-Antoine-Hyacinthe Dartenay, sieur de Bourgemont, fils de feu Nicolas Dartenay et de feue Marie Madeleine Bucaille, — avec demoiselle Marie Angélique de Maucouvenant.

1753. 11 mars. — Inhumation dans l'église de M. Thomas-Alexandre Le Seigneur, sieur de Ponthergé, demeurant rue des Prés, âgé de 32 ans environ.

1755. 22 nov. — Inhumation de M. Louis Davy, écuyer, sieur du Manois, commis au bureau de la recette du sel à Carentan.

1757. 31 oct. — Mariage de M. Jean Dussaussey, écuyer, ancien capitaine au régiment de la Marche infanterie, fils de M. Landry Dussaussey, écuyer et de dame Françoise Beatrix de Mesnilreine — avec demoiselle Charlotte Dauxais, fille de défunt M. Jacques Dauxais, écuyer et de dame Charlotte Le Lièvre, de Meautis. Témoins Nicolas Le Comte, conseiller du Roy receveur des tailles en cette ville et Charles Morel, écuyer sieur Des Marres.

1760. 7 février. — Baptême de Jean Charles Durand, fils de M. Alexandre Durand, sieur de la Borderie, cocher de la Reine, et de demoiselle Elisabeth Bourdon. Parrain Jean Beauvalet, esc. seig. de Durecu, conseiller secrétaire du roi, maison, couronne de France, contrôleur en la chancellerie du parlement de Metz, de la paroisse de St-Vast; maraîne Marie de Fouace, représentée par Jeanne Bourdon de la Duranderie, de Sainteny.

1763. 19 mai. — Mariage de Jean Louis De la Porte, licencié en droit, fils de feu Jean De la Porte et de Bonne Charlotte Gabrielle de Pierrepont, de Gatteville, demeurant à Hiesville, — avec demoiselle Marie Lempérière, fils de feu Antoine de Lempérière et de Jeanne Boissel.

1766. 1er juillet. — Mariage de Charles Michel Duprey, escuyer sieur Des Iles, fils de Charles Joachim Duprey, sieur Des Iles, et de feu Anne Bellot de Franqueville, — avec Jacq. Aimée Félicité Lorimier, fille mineure de M. Guy François Lorimier, ecuyer seig. de Greville, le Clos et autres lieux et de feue Jeanne-Angélique de Sainte-Marie d'Agneaux.—Signé Jeanne Lorimier. — Duprey Des Iles. — Lorimier d'Eville. — Lefeubvre de Marpalu. — Lorimier. — Dangy. — Du Saussey de la Champagne. — Le chevalier Du Saussey et Le Couvé, curé.

1769. 5 mars. — Baptême de Jean fils de Me Thomas-François-Léonard Desplanques, avocat en Parlement, bailly de la Haute Justice et Baronie de Gié, — et d'Agathe Marguerite Warmé, son épouse.

1770. 20 décembre. — Baptême d'Agathe Elisabeth Desplanques, fille de Thomas Desplanques, avocat et de Agathe Marguerite Warmé. Marraine Elisabeth Géneviève Elie; — parrain Elie de Beaumont, avocat Parlement de Paris.

1771. 12 mars. — Baptême de Sophie-Justine-Félicité Duprey, fille de Charles-Michel Duprey, esc. sieur des Iles, et de Jeanne Aimée Félicité de Lorimier.

1774. 15 juin. — Baptême de César Félix, fils de Michel Duprey, esc. sieur des Iles, capitaine au régiment provincial de Caen et de Félicité de Lorimier. Parrain Anne-César de la Luzerne, chev. de Malte, colonel du régiment provincial de Caen; — marraine Françoise Rosalie Boulier de la Gonnivière. — Signé Boullier de la Gonnivière. — Le chev. de la Luzerne. Osber de Dangy. — Duprey des Iles de Gourfaleur. — Le Couvey curé.

E

1718. le 21 novembre. — Mariage dans la chapelle des dames religieuses de Antoine Eudes, esc. sieur de la Gouyère, capitaine de cavalerie au régiment de Chanebonas, fils de Jean Louis Eudes de la Jumellerie et de damoiselle Michelle Duhamel, de Voully, avec damoiselle Marie-Anne Feault, fille unique et héritière de feu Thomas Feault, sieur de St-Vigor et de damoiselle Marie Dauxais.

1726. 15 décembre. — Inhumation de damoiselle Marie Cath. Elie, femme de M. Guill. Chalons, escuyer.

1731. 20 nov. — Mariage de M. Jean Elie, directeur de la poste à Carentan, fils de Guillaume et d'Esther Lhuillier, de Trévières, — avec Marie Géneviève Robert, fille de Jean Michel Robert et de Géneviève Canivart, veuve de M. Jean Angot.

1732. 10 octobre. — Baptême de Jean Baptiste Jacques, fils de M. Jean Elie, directeur de la poste de

Carentan et de demoiselle Marie Géneviève Robert. Parain messire Jacq. Collibert, curé proprima de ce lieu et damoiselle Marie-Thérèse Langevin épouse de Jean Le Seigneur, sieur de Pontherge.

1735. 17 sep. — Baptême de Jean-Antoine, fils de M. Jean Elie, directeur de la poste de Carentan et de Marie Géneviève Robert.

1737. 28 fév. — Baptême de Marie-Anne, fille de M. Jean Elie, directeur de la poste de Carentan, et de Marie Geneviève Robert.

1738. 7 décembre. — Baptême de Jeanne-Françoise, fille de M. Jean Elie, directeur de la poste de Carentan et de arie Geneviève Robert. Maraine Françoise du Mesnil de St-André; — parain Jean Vauquelin, esc. sieur du Désert.

1739. 17 août. — Inhumation dans l'église de M. Jean Elie, directeur de la poste de Carentan.

1746. 13 avril. — Inhumation de Jeanne-Françoise Elie, fille de M. Jean Elie, en son vivant directeur des Postes de Carentan.

1760. 18 août. — Inhumation de dame Geneviève Robert, veuve de Jean Elie, maître des postes à Carentan, âgée de 49 ans.

1761. 2 janvier. — Baptême de Joseph Levesque. Parain Jean Antoine Elie, sieur de la Poterie, docteur en médecine; — maraine Marie Anne Elie de Beaumont sa sœur.

F

1728. 27 mars. — Discrette personne messire Antoine Franchomme, prêtre et marguillier de cette église, a été inhumé dans le cimetière, au pied *de la croix de Notre-Dame-de-la-Victoire*, par messire Nicolas Foucher, curé de ce lieu.

1741. 12 mai. — Inhumation dans le chœur de messire Nicolas Foucher, sieur de la Brasserie, âgé de de 64 ans, docteur en théologie et curé de Carentan pour la seconde portion, par messire Jacq. Collibert, curé proprima, en présence de Michel Foucher, sieur de la Houssaye, docteur en théologie, curé de Beuzeville-sur-le-Vey, son neveu.

1763. 10 nov. — Inhumation de dame Barbe Feuillie, veuve de Michel Bellot, esc. sieur de Franqueville, de Liesville, pensionnaire au couvent des dames de Carentan.

G

1718. 15 janvier. — Mariage de Julien de Gourfaleur, esc. sieur de St-Sauveur, fils de feu François, esc. sieur de Carantilly et de Charlotte Morin, de St-Georges-de-Bohon — et de demoiselle Élisabeth Avice, fille de feu Jean-François, en son vivant capitaine de milice bourgeoise de Carentan et de damoiselle Marie Bréard. — Signé Elizabet Avice. — Gourfaleur. — Barbey. — Lefeuvre de Marpalu.

1732. 9 juin. — Baptême de Julien Robert, fils de Julien de Gourfaleur, esc. sieur de St-Sauveur et de Françoise de Gourmont. Parain Robert de Gourmont, seigneur et patron en partie de St-Germain-de-Vareville; maraine, Marianne Avice veuve de Gaspard Lefebure de Marpalu.

1732. 18 juin. — Mariage de M. Antoine Gervais, avec damoiselle Marie Dauxais, fille de Charles, esc. sieur de la Couture et de damoiselle Marie Lambert.

1735. 27 août. — Dans l'église des dames religieuses de Carentan les cérémonies du baptême ont été administrées par M. Collibert, curé proprima de ce lieu, suivant la permission de M. l'abbé de Courcy, grand vicaire de monseigneur l'évêque de Coutances, à damoiselle de Gournay, fille de M. François de Gournay lieut.-gén. de St-Lo et de dame Charlotte de Laubric son épouse; la dite damoiselle ayant été baptisée comme il nous a apparu par l'extrait certifié véritable par le sieur Bertereau, de Ste-Croix-de-St-Lo. La dite damoiselle a été nommée Marie Anne Barbe Thérèse par damoiselle Marie Anne de Reviers, pensionnaire. Signé M. A. B. T. de Gournay — M. A. de Reviers — Collibert — Dorée — Geintrant Dumotel, sacrist.

1741. 26 mai. — Inhumation de Jean Bap. de Godefroy, esc. âgé de 50 ans, fils de feu Jacq. Fr. de Godefroy, esc. sieur de Bordemer.

1743. 14 sept. — Inhumation dans l'église de dame Françoise de Gourmont, veuve de M. Julien de Gourfaleur, esc. sieur de St-Sauveur et seig. du Mesnil-Pouchin.

1750. 10 nov. — Inhumation de damoiselle Marie-Angélique-Laurence Grip de Savigny, d'Alleaume, décédée à Carentan, fille de Jacques Guillaume Grip, écuyer sieur de Savigny et de dame Louise Marie Felice du Moncel, de Flottemanville.

1752. 15 mai. — Baptême de Tantenor Jean Jacques de Galon, fils de Jacques de Galon écuyer sieur de la Bottelière, docteur en médecine, et de dame Olive Guilemette de Beaumont. Parain Isaac de Bailly, capitaine d'infanterie; maraine Renée Fossard, veuve de M. de Beaumont.

1755. 3 fév, — Baptême de Bonne Sophie, fille de Jacques de Gaslon écuyer sieur de Bertouville, docteur en médecine et d'Olive Guillemette de Beaumont son épouse.

1760. 19 sep. — Mariage de Jean Godille, conseiller substitut au baillage de St-Sauveur-le-Vicomte, avec demoiselle Anne Le Pellerin, fille majeure de Claude Le Pellerin, greffier au baillage de Carentan et de feue Marie Louise Brienne. Signé Anne Pellerin — Godille — Pellerin — M. Le Seigneur — Lereculley de la Huberderie.

1761. 12 nov. — Mariage de M. François Hervé de la Gonnivière, esc. demeurant à Beuzeville-sur-le-Vey, fils de Guillaume, esc. lieutenant général civil et criminel au baillage de Thorigny, et de Marie Anne de la Gonnivière — avec Françoise Rosalie Boullier, veuve de Charles de Godefroy, esc. sieur de Vermont, chev. de l'ordre royal et militaire de St-Louis, fille de Pierre Maurice Boullier, esc. conseiller du roi général de la monnaie de la haute Normandie et de Françoise de la Londe-Gondouin, de Rouen.

1768. 21 avril. — Mariage de Anne René César de la Gonnivière, écuyer seig. de Laurière et du Butel, fils majeur de feu Michel César et de Marie Anne Le Prevost, de St-Simphorien près Torigny — avec demoiselle Jeanne Suzanne Renouf, fille d'Eustache Renouf sieur de Brains, officier chez le roy et de défunte Suzanne Laurence — de Rauville-la-Place — Signé De la Gonnivière Dubutel — Regnouf de Brains — De la Gonnivière — de Bray le Gentil — Hamon — Vallée F. Hamon et Le Couvey curé.

H

1719. 11 septembre. — Inhumation de dame Anne Halley, femme de Pierre Gosselin, sieur de la Morinière, escuyer gouverneur des Pages de S. A. R. mademoiselle de Montpensier.

1728. 16 novembre. — Mariage de Jacques Hamon, fils de Pierre et Cath. Cauchard, de Beuzeville-en-Bauptois — et Marianne Le Breton veuve de Giles Lecoq.

1734. 2 mai. — Baptême de Georges Adrien Henry, né hier du mariage de François Hamon et de Barbe Boyron — parain Georges Osber escuyer, — maraine demoiselle Marie Anne de Reviers.

1742. 5 décembre. — Inhumation dans l'église de Marie-Anne de Ravend de Boisgrimot, épouse de Louis-Baptiste-François d'Hermerel, esc. conseiller du roy, lieutenant-général civil et criminel au baillage de Carentan. — Signé Collibert, curé proprimâ et Heurtin, prêtre et maître de musique.

1746. 10 janvier. — Baptême de Jacques-Louis d'Hermerel, fils de Jean-Baptiste-François, esc. lieutenant-général civil et criminel du baillage de Carentan et de dame Marie Jeanne Le Trésor. Parain Jacques-Louis Le Trésor, esc. sieur de Marchezieux; maraine dame Anne d'Hermerel, veuve de Julien de St-Quentin, esc. sieur de Grainville, lieutenant-colonel au régiment de Vibraye, représentée par Elisabeth d'Hermerel, épouse de Louis Ravend esc. sieur de Boisgrimot.

1762. 7 août. — Baptême de Jeanne Léonore Hamon, fille de Léonord Hamon et d'Anne Sacépée. Maraine Jeanne Gabrielle Vallée; parain Georges-Adrien-Henry Hamon, avocat au parlement.

1763. 8 mai. — Baptême de Antoine Hamon, fils de Georges Adrien Henri Hamon, avocat au parlement et de Jeanne Gabrielle Vallée. Parain Jacques Antoine Paul Vallée, avocat; maraine Jeanne Françoise Le Gentil son épouse.

1765. 29 mars. — Iuhumation de demoiselle Jeanne Marie Hervieu, fille de feu François Hervieu sieur de la Planche et de Marie Jeanne Enouf, de Montmartin-en-Graigne.

J

1737. novembre. — Mariage de Louis Jourdan, chirurgien apothicaire et organiste de l'église de Carentan avec Jeanne Thouroude, fille de Jean Thouroude, brigadier des gardes de M. le duc de Valentinois.

1764. 28 janvier. — Inhumation de demoiselle Marie Jean, fille de feu Etienne Jean, esc. sieur des Londes, et de Marie Levallois, de St-Vaast-en-Saire, âgée de 20 ans, pensionnaire au couvent des dames religieuses de Carentan.

L

1718. 29 janvier. — Mariage de Antoine Le Reculey, sieur des Huberderies, fils de défunt Michel et de Louis Brigeault, de Montmartin — et Magdeleine Durand, fille de M. Tenneguy Durand et de défunte demoiselle Bauche.

1718. le 13 septembre. — Inhumation dans le chœur de l'église de dame Marie Elisabeth de Grimoard-Beauvoir du Roure, épouse de M. Antoine Franc, marquis de Longaunay, gouverneur de Carentan.

1719. mai. —Inhumation de dame Anne Leguerrier,

de Nogent-le-Rotrou, en son vivant gouvernante de l'hopital de Carentan et veuve de feu M. Pesseau.

1719. 14 mai. — Inhumation de Françoise Leroux, veuve de M. Berot, en son vivant médecin et officier chez mademoiselle de Montpensier.

1719. 11 septembre. — Baptême de Jean-François-Alexandre Le Seigneur, fils de M. Jean Le Seigneur et de Marie-Thérèse Langevin.

1721. janvier. — Baptême de Thomas Alexandre Le Seigneur, fils de Jean et de Marie-Thérèse Langevin. Parain Thomas Legouix, sieur de la Couture, conseiller du Roy, lieutenant civil et criminel de l'élection de Carentan.

1725. 3 juin. — Baptême de Pierre Richard Le Petit, fils de Pierre Richard, sieur du Motel et d'Anne Françoise Gosselin.

1725. 18 septembre. — Mariage de François de Losque avec Thérèse Yver, fille de défunte Charles Yver, sieur de la Fosse, et de Charlotte Marguerite Le Seigneur.

1731. 13 janvier. — Inhumation dans l'église de Charlotte Marguerite Le Seigneur femme de M. Antoine Boyron.

1731. 19 février. — Baptême de Philippe Joseph Laffoley, fils de Me Laffoley, sieur de Sorteval, conseiller du Roy, receveur des Tailles à Carentan et de damoiselle Marie Françoise Oury.

1731. 24 février. — Inhumation de Michelle Manet, veuve de Nicolas Loret.

1733. 12 mars. — Baptême de Philippe, fils de Joseph-François Laffolley de Sorteval, conseiller du Roy, receveur des Tailles à Carentan et de Marie Françoise Oury.

1735. Mariage de Gilles Le Poupet, esc. sieur

de la Varengerie, fils de feu François, sieur de Saint-Aubin, et de Jacqueline Le Conte, de Neufmesnil — avec Marie-Anne Lecoq, fille de Pierre, esc. sieur de la Chesnée, et de Anne Godefroy.

1737. 29 janvier. — Mariage de Claude Le Pellerin, fils de feu Jacq. Le Pellerin et de Marie Noblet — avec demoiselle Marianne Le Seigneur, veuve de M. Michel-Julien Duval, sieur de la Pallière, vivant avocat à Carentan, fille de Jean Le Seigneur et de demoiselle Marie-Thérèse Langevin. Signé Marianne Le Seigneur, Pellerin, Boyron, Elie, directeur de la poste, Hamon, Godefroy, prêtre et Collibert, curé.

1739. 18 janvier. — Baptême de Jean-Jacques-Claude Le Pellerin, fils de M. Claude-Jules Le Pellerin, et demoiselle Marie-Anne Le Seigneur. Parain, Jean Le Seigneur; maraine demoiselle Marie-Thérèse Langevin, son épouse.

1739. 7 août. — Inhumation dans l'église de Richard Le Petit, sieur Du Motel, avocat à Carentan, trouvé mort dans une prairie.

1740. 3 juin. — Inhumation dans l'église de Claude-Gaspard Le Febure, écuyer, sieur de Marpalu.

1740. 31 juillet. — Inhumation dans l'église de Jean Le Seigneur, âgé de 70 ans, par messire Jacques Collibert, curé proprimâ, en présence de Jean-Thomas, Michel et Thomas Le Seigneur, ses trois fils.

1740. 7 octobre. — Inhumation dans l'église de Jean-Jacques-Claude Lepellerin, fils de M. Claude-Jules Le Pellerin, greffier, en présence de M. Michel Le Seigneur, sieur de Saint-Julien — de M. Thomas Le Seigneur, ses oncles au maternel.

1741. 31 janvier. — Baptême de Marie-Louise-Aimable, fille de Joseph-François Laffoley, sieur de Sorteval, conseiller du Roy, receveur des Tailles à

Carentan, et de damoiselle Marie Oury. Maraine, demoiselle de Franquetot; parain, Louis Yon, seigneur de Saint-Hilaire.

1741. 2 juin. — Inhumation de Charles Lesage, esc. sieur d'Audienville, conseiller du Roy, lieutenant-général de police, ancien vicomte de Carentan, Saint-Côme-du-Mont et Baupte, âgé de 68 ans. En présence de Jacques Michel Dauxais, esc. sieur d'Auverville, son beau fils.

1741. 12 septembre. — Mariage de Gabriel Le Vasseur, sieur d'Inglemard, âgé de 32 ans, fils de Jacques Le Vasseur et de Françoise Duchesne, de Cauquigny — avec demoiselle Anne-Jeanne-Gabrielle Mahieu, âgée de 22 ans, fille de feu Pierre Mahieu, sieur de la Chapelle, et de feue Anne Guiffard, de Surtainville. La dite demoiselle de présent au couvent des dames religieuses de Carentan. En présence de Nicolas Mahieu, sieur du Motier, tuteur de la dite épouse, et de Charles-François de Percy, sieur des Monts Du Bost.

1743. 1er août. — Mariage de François-Bernard Lebourguignon, sieur du Demaine, âgé de 40 ans, de Saint Aubin de Losque — avec demoiselle Marie-Gabrielle de Cherences, âgée de 21 ans, fille de feu M. Gabrielle de Cherences, sieur de Baudemont, conseiller du Roy lieutenant-général de la vicomté de Carentan et auditeur des comptes audit siége, et de feue Michelle Heulin, de Buzeville sur le Vey.

1743. 23 octobre. — Mariage de Jacques-François Le Thrésor, seigneur et patron de Feugères, âgé de 30 ans, fils de feu Antoine de Feugères et de Charlotte Laurence Dauxais — avec dame Marie-Françoise Dauxais, âgée de 28 ans, veuve de Philippe Jouhan, esc. sieur Hautmesnil, fille de Jacques Dauxais et de Charlotte Lelièvre.

1744. 1ᵉʳ février. — Inhumation à Brevant de Louis Gabriel de la Luzerne, marquis de Brevand, décédé à Carentan.

1744. 8 septembre. — Baptême de Claude, fils de M. Jacques Le Blacher, docteur en médecine et de demoiselle Claude Rivière. Parain M. Claude Le Blacher, officier dans l'université de la ville de Caen.

1746. 11 décembre. — Inhumation dans l'église de demoiselle Françoise Doucet, veuve de M. Jean Laffoley de Sorteval en son vivant conseiller du Roy receveur des Tailles à Carentan.

1747. 7 février. — Mariage de M. Jean-Thomas Le Reculley sieur de la Huberderie, vivant de son bien, âgé de 27 ans, fils de feu M. Antoine Le Reculley, sieur de la Huberderie, et de demoiselle Madeleine Durand, — avec demoiselle Marie-Charlotte Le Pellerin, âgée de 27 ans, fille de M. Claude-Jules Le Pellerin, greffier de l'amirauté de France à Carentan et Isigny — et de feu Marie Louise Rachine.

1747. 10 octobre. — Mariage de Jean-François Le Poupet, escuyer, — avec Catherine Piquod, fille d'Antoine et de Françoise Le Tourneur, d'Apeville.

1747. 28 novembre. — Inhumation dans l'église de dame Marie-Thérèse Langevin, veuve de M. Jean Le Seigneur, par nous Jacques Collibert, curé de Carentan, en présence de MM. Michel et Thomas Le Seigneur, ses fils, et de M. Pierre Benoist, choriste de cette église.

1748. 28 mai. — Dame Charlotte de Borde de Folligny, veuve de M. Louis-Jacques Leforestier, seigneur d'Ozeville, a été apportée morte d'hier, dans l'église de Carentan et après les cérémonies a été transportée dans l'église des dames religieuses de Carentan pour y être inhumée.

1749. 10 juin. — Mariage de M. Thomas-Alexandre Le Seigneur, fils de feu Jean et de Marie-Thérèse Langevin — avec demoiselle Anne-Françoise Cairon, fille de feu Pierre et de demoiselle Marie-Françoise d'Auvers, de Bohon.

1750. 18 janvier. — Inhumation dans la chapelle de Saint-François, de Charles Le Sage, écuyer sieur d'Haudienville, vicomte et premier assesseur et lieutenant-général de police à Carentan, âgé de 42 ans.

1756. 23 septembre. — Inhumation dans l'église, chapelle Saint-Jean du côté de l'évangile proche l'autel, du corps de M. Michel Le Seigneur, procureur syndic de cette ville, âgé de 40 et muni des S. S. Sacrements. Signé Lecouvey, curé.

1760. 4 novembre. — Mariage d'Etienne de Lange, conseiller substitut au baillage de Carentan et de Marie-Suzanne de Belleville, fille de Guillaume, sieur de la Métairie, et de défunte dame Jeanne de Guery, d'Equeurdreville.

1761. 1er mai. — Inhumation de dame Marie Roger de Lépinay, femme de M. Joseph Laffoley de Sorteval, receveur des Tailles à Carentan, âgée de 70 ans.

1764. 28 février. — Mariage de Thomas Larcher, escuyer, docteur en médecine, fils de feu Jean et d'Elizabeth de Blair, de Saint Aignon la Malherbe — avec Catherine-Charlotte Le Roy du Campgrain, fille de feu Jacques et de Catherine Lemprière de Rouville, veuve de Henry Dauxais, du Dezert.

1765. 24 mai. — Baptême de Marie-Charlotte Larcher, fille de Thomas Larcher, écuyer, docteur en médecine, et de Catherine-Charlotte Le Roy du

Campgrain. Maraine dame Lemprière Dancel, d'Audouville la Hubert.

1767. 1ᵉʳ janvier. — Inhumation de Marie-Suzanne de Belleville, femme de Etienne de Lange, substitut au baillage de Carentan, âgée de 40 ans.

1770. 29 novembre. — Baptême d'un fils andoyé né du mariage de Jacq.-Guy de Lorimier et de Marie-Charlotte Masse de la Benardière.

1771. 6 mars. — Naissance de Jacques-René-Léonor-Guy de Lorimier, fils de Jacques Guy et de Marie-Charlotte Masse de la Benardière. Parrain, M. de Sainte-Marie d'Aigneaux, capitaine au régiment d'Orléans, infanterie.

1774. 28 avril. — Baptême de Thomas-Alexandre Lépecq fils de Jean-Claude Lépecq de la Closture, demeurant à Carentan, commissaire aux impositions royales de la généralité de Caen et de Marie-Madeleine-Françoise Huet. Parrain, Duval de Cantereine — marraine, Louise-Charlotte-Alexandrine Cabieul de Cantereine.

M

1725. 29 septembre. — Baptême de Robert, fils de Guillaume Mahieu, esc. sieur de Lilletot et de Françoise Aldégonde de Millières. Parain Robert de Millières, esc. sieur de Boislile conseiller procureur du roy au baillage de Carentan.

1728. 19 janvier. — Inhumation de damoiselle Jeanne Mahieu de Lilletot femme de Jean Baptiste Dobiche, sieur de Laumont, receveur de la romaine.

1728. 24 février. — Inhumation dans l'église de dame Susanne Mahieu de Lilletot, par M. Jacques Collibert, curé proprimâ.

1729. 18 avril. — Inhumation dans l'église de Guillaume Mahieu, esc. sieur de Lilletot.

1729. 29 avril. — Inhumation dans l'église de Marie Ragnier de la Morandière femme de M. Philippe Guesnon, sieur de la Returière, ci-devant directeur des aydes à Carentan.

1736. 8 mars. — Mariage de François Mahieu, esc. sieur de Maltot, fils de Jean Mahieu, esc. sieur de Prémard et de Françoise Bourdon, de St-Georges-de-Bohon — avec damoiselle Marguerite Ecolasse, de St-Fromond.

1752. 4 janvier. — Mariage de Charles François Morel, écuyer sieur des Marres, fils de feu Jean Morel, et de Bonne Dursus, d'Urville près Valognes — avec Eléonore Richard, veuve de Jean Le Cocq, écuyer, conseiller procureur du Roy au baillage et vicomté de Carentan, fille de Gabrielle Philippe Richard conseiller du Roy receveur des Tailles de l'élection de Carentan et de Léonore de Béatrix.

1753. 28 juillet. — Inhumation dans le cimetière de Françoise Aldegonde de Millières, veuve de Guillaume Mahieu, écuyer sieur de Lilletot âgée de 55 ans.

1753. 12 décembre. — Baptême de Marie Léonore Morel, fille de Charles Morel, écuyer sieur des Marres et de Léonore Gabrielle Richard. Parain Pierre de Godefroy de Vermont, chevalier de St-Louis; maraine Marie Simon, épouse de M. Maniel, procureur du Roy en l'élection de Carentan.

1774. 1er février. — Inhumation dans l'église de Marie Marguerite des Monstiers, fille de messire Charles des Monstiers, esc. et de Marie Suzanne de St-Martin, de Bayeux, âgée de 15 ans, pensionnaire du couvent de Carentan.

N

1741. 29 juin. — Inhumation de Barbe Nicolle, femme de M. Guillaume Mauger, conseiller du Roy, receveur des consignations à Carentan.

O

1742. 26 février. — Inhumation de Marie-Françoise Osber femme de M. Antoine Boyron. En présence de M. Jean-François Osber, et de M. Michel Osber, ses deux frères.

1746. 12 août. — Inhumation dans l'église de demoiselle Marie Oury, épouse de M. Joseph Laffoley sieur de Sorteval, conseiller du Roy receveur des Tailles à Carentan.

P

1737. 19 février. — Mariage de Guillaume Piquod, esc. sieur de Brillevast fils de Charles, seigneur de Brillevast, Sainte-Honorine, Boutteron, Grandval et de Jeanne Le Breton, demeurant à Sainte Honorine en Bessin — avec demoiselle Marie-Anne de Reviers, fille unique de feu Jacques esc. sieur de Vernon et de feu Marie-Françoise de Maloysel, de Chef du Pont, *diocèse de Bayeux*, la dite demoiselle âgée de 17 ans demeurant au couvent des dames religieuses de Carentan.

1740. 9 mars. — Inhumation dans l'église de Marie-Antoinette Pesnon, épouse de M. Thomas Cornavin, avocat, sieur du Ferage, témoins son mari et Charles Cornavin, directeur de l'hôpital son beau frère.

1754. 14 novembre. — Inhumation de Barthelemy Pillon, fermier de la terre des dames religieuses à Léopartie, âgé de 45 ans.

Q

1758. 6 mars. — Robert-Thomas-Alexandre Quenault de la Groudière bailly haut justicier de la Haye du Puits, pârain de François Lavalley de la Hogue, lieutenant général civ. et crim. du baillage de Carentan et de Marie Le Fol.

R

1717. 13 juillet. — Mariage de Jacques Rousselin, sieur du Longboy conseiller du Roy maîre perpétuel de Carentan fils de feu Jacques Rousselin sieur du Longboy, escuyer de la petite escurie et de dame Marguerite Rousselin, de Saint Côme du Mont — et de damoiselle Elizabeth-Françoise Laffoley, fille de Jean Laffoley, escuyer ordinaire de feu Monsieur le Prince, conseiller du Roy receveur des Tailles de l'Election de Carentan — Signé Elisabet-Françoise Laffoley — Rousselin de Longboy — Françoise Doucet — Elisabet-Françoise Doucet — Dauxais — G. Laffoley — P. Laffoley.

1718. — Inhumation dans la chapelle du Rosaire de M. Joseph-Marie Richard, conseiller du Roy, receveur des Tailles de l'élection de Carentan, en présence de M. Laffolley de Sorteval aussi receveur des Tailles de ladite élection et du sieur des Notz fils dudit Richard.

1730. 19 avril. — Naissance de Anne fille de Gabrielle Richard, conseiller du roi, receveur des Tailles à Carentan et de damoiselle Anne Béatrix.

1731. 10 juillet. — Mariage de Charles de la Rüe fils de Jean et de Françoise Raffluble, de Montmartin, avec Cath. Le Comte, fille de Pierre et de Simonne Guerin, de Nay.

1734. 23 novembre. — Inhumation dans l'église de Guill. Ravend, esc. sieur des Vaux, chevalier de Saint-Louis, ancien capitaine de dragons dans le régiment de Nicolaï.

1737. 19 février. — Mariage dans la chapelle des dames religieuses de Carentan de damoiselle Marie-Anne de Reviers, âgée de 17 ans, fille unique de feu Jean-François seigneur de Vernon et de Marie-Françoise de Maloysel, de Chef du Pont, la dite damoiselle demeurant audit couvent — avec Guill. Picquod, esc. sieur de Brillevast âgé de 37 ans, fils de Charles Picquod, chevalier Seigr. et patron de Ste-Honorine Brillevast, Bouteron, Grandval et autres lieux et de feu Jeanne Le Breton. En présence de Charles Picquod; de Jean Guill. Picquod, prêtre curé d'Alleaume oncle, Osber, tuteur de ladite demoiselle de Reviers; Antoine de Saint-Simon, de... de Bois-Roger; Le Febure de Montaigu; Guillemette de Boisne, grande mère maternelle, madame de Saint-Simon-Courcy. Signé G. Picquod Brillevast, Marie de Reviers, Cath. Angélique Picquod, Picquod chevalier de Sainte-Honorine, de Fortescut, Morel, Foucher.

1745. 7 septembre. — Mariage de Pierre Néel avec Marguerite de Ravalet. Dispense de deux bancs obtenue de M l'official de l'abbaye de Saint Etienne de Caen registrée à Bayeux au greffe des insinuations ecclésiastiques du diocèse.

1748. 12 septembre. — Inhumation de damoiselle Marie-Claude-Michelle Rivière, épouse de Jacques Blascher, docteur agrégé en la faculté de médecine de Caen.

1750. 21 mai. — Mariage de Françoise Richard, fille de Marie-Gabrielle Richard, conseiller du roi receveur des Tailles de l'Election de Carentan et de

Léonore Béatrix de Mesnilraine — avec Nicolas Lecomte, directeur des aides à Mortain.

●

1719. 5 octobre. — Baptême de Georges de Saint-Quentin, fille de Georges-Antoine esc. sieur de Grandprey et de dame Louise Dagneaux.

1739. 20 janvier. — Inhumation de Guill. de Saint-Quentin, esc.

1746. 23 février. — Baptême de Louise-Angélique-Victoire de Sainte-Quentin, fille de Guill. de Saint-Quentin esc. sieur de Saint-Quentin et de dame Louise-Angélique-Victoire Yon de Saint-Hilaire. Baptisée par M^{re}. Pierre-Christy de la Rochelle. Nommée par demoiselle Marie-Françoise Blactot de la Gonnivière, dame de Banville et du Saussey, assisté de Louis-François Yon esc. seigneur de Saint-Hilaire.

1764. 11 septembre. — Mariage de Guy-François du Saussey, fils de Louis et de Marie Marguerite de Lorimier, de Millières — avec Jeanne-Françoise Brohier, fille de feu Yves et de Louise Costard. Signé du Saussay de la Rachinerie — Jeanne Brohier de Littinière — Costard veuve Littinière — Du Saussay de la Champagne — Le chevalier Du Saussay — Lefebvre de Gourfaleur.

1766. 3 janvier. — Inhumation de Antoine de Savouro sieur de Saint-Hilaire, de Buffard en Franche Comté, architecte et entrepreneur des ouvrages du Roy de la ville de Carentan, âgé de 72 ans.

1767. 11 août. — Anne-Françoise-Thomasse Du Saussey, veuve de Bon-René Rüel, conseiller du Roy vicomte de Valognes — et Jean Poisson de Croixmare, prieur de Saint-Anne de Brihoulle en Colomby — maraine et parain.

1774. 29 novembre. — Inhumation dans l'église de Anne-Françoise-Gabrielle-Thomas du Saussey, veuve de Bon-René Ruel, en son vivant vicomte de Valognes.

V

1738. 15 août. — Damoiselle Eliot de Vantigny, marraine avec son cousin germain Théodore Desplanques, fourrier de la Reine.

1742. 8 avril. — Iuhumation de damoiselle Marguerite Vauquelin, veuve de Jean-Antoine Blanchard, escuyer, sieur de la Hougue, âgée de 82 ans.

1750. 30 mai. — Naissance de Antoine Vallée fils de M. Jacques-Antoine-Paul Vallée, avocat à Carentan et de Jeanne Le Gentil. Parrain César-Antoine de la Luzerne, chevalier de Saint-Louis, maréchal des camps et armées du roi, comte de Beuzeville-sur-le-Vey, seigneur et patron de Beuzeville, Auville-sur-le-Vey, Saint-Pélerin, Mouslinschapel etc. Assisté de Gabrielle Vallée. Signé Vallée, Beuzeville, Le Couvey, curé.

1758. 16 août. — Mariage de Michel de Ventigny, sieur de la Duranderie, fils de Guillaume de Ventigny et de Bonne Dauxais, avec demoiselle Jeanne Bourdon, fille de Pierre Bourdon, sieur de Bellefontaine, conseiller du Roy en l'élection de Carentan.

1760. 1er octobre. — Mariage de Louis-Marie-Antoine de Wolbock, esc. chevalier de l'ordre royal et militaire de Saint-Louis, capitaine de grenadiers au régiment de Montrevel, infanterie, veuf de Marie-Anne Gourande, fils de feu Louis-Antoine de Wolbock, escuyer lieutenant pour le roi au gouvernement d'Avesnes en Hainant et de Marie-Anne de Mercery — avec dame Madeleine Laffoley de Sorteval, veuve de Jean-Baptiste Yver, sieur de la Buchollerie, lieutenant particulier civil et criminel au baillage royal de Carentan, fille de Joseph-François-Marie Laffoley de Sorteval, conseiller du Roy receveur des Tailles de ce lieu et de Marie Oury. Consentement de M. de la Beaume, colonel du régiment de Montrevel.

1770. 18 janvier. — Mariage de Pierre-Antoine de Ventigny, sieur de Clermont, avec Jeanne Le Sage, fille de feu Antoine Le Sage, sieur de Longueval, conseiller du roi, lieutenant particulier civil et criminel au baillage de Bricquebec.

1770. 19 juin. — Baptême de Hyacinthe de Ventigny, fils de Michel de Ventigny, sieur de la Duranderie, et de Julienne du Hamel. Parrain Hyacinthe Piquenot, esc. sieur de Lillemont, seigneur du Bec d'Oison, ancien gendarme de la garde du Roy et chevalier de l'ordre royal et militaire de Saint-Louis, à Valognes — Marraine Anne de Fortescu femme de Charles Du Hamel, lieutenant général de l'Amirauté de France pour les siéges de Portbail et Carteret.

Y

1728. 7 mai. — Baptême de Marie fille de Louis-François Yon seigneur de Saint-Hilaire et de Alexandrine Dubois d'Angy.

1752. 16 août. — Mariage dans l'église des dames religieuses de Jean-Baptiste Yver, sieur de la Bruchollerie, conseiller du roi, lieutenant particulier assesseur criminel au baillage de Carentan, fils de Jean Yver, sieur des Croutes, et de Marie-Thérèse de la Couldre Saint-André de Bohon — avec Madeleine Thérèse Le Hot de Grimarais, fille de feu Pierre Le Hot, sieur de Grimarais, et de feue Madeleine Le Trésor, d'Isigny.

1752. 7 septembre. — Inhumation dans l'église, chapelle Saint-Clair, de dame Thérèse-Magdelaine Le Hot, épouse de Jean-Baptiste Yver, conseiller du Roy lieutenant général particulier au baillage de ce lieu, âgée de 23 ans.

1753. 17 septembre. — Mariage de Jean-Baptiste Yver, sieur de la Bruchollerie, conseiller du Roy lieutenant particulier assesseur criminel au baillage de Carentan, fils de feu Jean Yver, sieur des Croutes, et de Marie-Thérèse de la Coudre, de Saint-André de Bohon, avec damoiselle Madeleine Laffoley de Sorteval, fille de Joseph Laffoley de Sorteval, conseiller du Roy, receveur des Tailles de l'élection de Carentan et de Marie Oury.

1754. 17 août. — Baptême de Jean-Joseph Yver, fils de Jean-Baptiste Yver, sieur de la Bruchollerie, conseiller du Roy lieutenant particulier au baillage de Carentan et de Madeleine Laffolay de Sorteval.

1791. — Le dimanche 16 janvier, une commission composée de MM. de Neuville Le Sage, procureur de la commune, et de Sorteval, colonel de la garde nationale, rend compte qu'on a vendu aux enchères divers immeubles appartenant à la ville et aux termes d'une délibération du 27 novembre 1790. Une ferme louée à un M. Leloup et la pièce dite le Prêche, formant 22 vergées, ont été adjugées à M. Guillaume Gislot, au prix de 21,000 livres. La commission ajoute qu'elle n'a pas cru devoir laisser adjuger le couvent des dames religieuses par deux motifs qui sont l'obligation de les laisser jouir des dits bâtiments comme maison d'éducation, aux termes du décret de l'assemblée nationale, et en second lieu, le mauvais état des bâtiments qui ne tarderont pas à devenir une lourde charge pour la ville.

1791. — Le mardi 12 juillet, une députation du conseil général de la commune se rend à la communauté des dames religieuses de Carentan pour recevoir, aux termes de la loi du 17 avril 1791, le serment que doivent prêter tous les maîtres et maîtresses d'écoles. Les dites dames, mandées séparément, ont répondu que, n'étant point salariées par la nation, elles ne connaissaient aucun décret qui les obligeât à prêter le serment; que, le mode de l'instruction n'étant pas encore fait, elles ne se croyaient point comprises au nombre des fonctionnaires publics astreints au serment; quelles était cependant dans l'intention de continuer les fonctions que leur assignait la règle de leur profession en ce qui concernait l'instruction gratuite.

EPILOGUE.

Au moment de la Révolution, les religieuses de Carentan possédaient en immeubles et en rentes environ 40,000 fr. de revenu annuel. Le couvent, n'ayant pas été vendu, revint au domaine de l'Etat, qui, dans la suite, le prêta au département de la guerre pour y loger une compagnie de vétérans qui formaient la garnison de la place. Au commencement de la Restauration, les anciennes religieuses firent des démarches pour entrer dans leur ancien couvent. Elles ne purent y parvenir et convinrent de se diviser en deux communautés. Une partie de ces religieuses acheta l'ancien hôtel de Lessay, rue des Prêtres, à Carentan, et s'y installa; une autre partie se rendit à Valognes et fonda, rue de Poterie, une communauté connue encore aujourd'hui sous le nom de couvent des dames de Carentan. En 1858, Napoléon III passa à Carentan et autorisa le Domaine à louer par bail emphytéotique à la ville le dit couvent à la condition de le restaurer et de l'employer aux services municipaux.

La justice de paix, le bureau de bienfaisance, le télégraphe et un collége français y sont installés, ainsi qu'une bibliothèque publique de 6,000 volumes créée par M. Hamelin, juge de paix.

www.ingramcontent.com/pod-product-compliance
Lightning Source LLC
LaVergne TN
LVHW051511090426
835512LV00010B/2465